Una Perspectiva Islámica

TERRORISMO
y ATAQUES SUICIDAS

COLABORADORES

M. FETHULLAH GÜLEN - Erudito del Islam y prolífico pensador así como un destacado activista del diálogo interreligioso y la promoción de la educación.

İBRAHİM CANAN - Catedrático de Hadiz (Dichos y tradiciones del Profeta Muhammad) de la Universidad de Marmara, Estambul. Ha traducido cerca de 7000 hadices a la lengua turca en la consecución de una recopilación de dieciocho volúmenes de al-Kutub al Sitta.

HAMZA AKTAN - Catedrático de Derecho Islámico de la Universidad Atatürk, en Erzurum, Turquía.

BEKİR KARLIĞA - Catedrático de Filosofía Islámica de la Universidad de Marmara, Estambul.

ALİ BULAÇ - Columnista del periódico turco Zaman; es, a su vez, sociólogo y teólogo, con más de treinta libros publicados acerca del Islam y el mundo islámico.

DR. NEVZAT TARHAN - Catedrático de Psiquiatría y actual director de la Fundación por los Valores Humanos y la Salud Espiritual «IDER». Ha sido anteriormente director de la Clínica Psiquiátrica «Centro de la Memoria», en Turquía.

HİKMET YÜCEOĞLU - Catedrático emérito de Historia del Sufismo.

ERGÜN ÇAPAN - Doctorado en Tafsir (Comentarios coránicos). Trabaja actualmente para la fundación «Akademik Araştırmalar Vakfı» - Fundación de Estudios Académicos- y es, a su vez, el Editor jefe de la publicación Yeni Ümit, una revista trimestral sobre Ciencias Islámicas publicada en Turquía.

AHMET GÜNEŞ - Doctorado en Derecho Islámico, imparte lecciones en la actualidad en la Universidad Atatürk en Erzurum, Turquía.

ADİL ÖKSÜZ - Doctorado en Derecho Islamico, trabaja como docente en la Universidad Sakarya, en Adapazarı, Turquía.

Una Perspectiva Islámica

TERRORISMO

y ATAQUES SUICIDAS

Editado por Ergün Çapan

Traducido por Ali Larakí

The Light

New Jersey
2005

Publicado Por The Light, Inc.
26 Worlds Fair Dr. Unit C
Somerset, New Jersey, 08873, USA
http://www.thelightpublishing.com

Se encuentra disponible en el catálogo de publicaciones de la Biblioteca del Congreso de los Estados Unidos de Norteamérica

ISBN 1-932099-82-4

Editado y corregido en la versión española por
Juan Pedro Andújar García *y* F. Mehmet Siginir
Traducido por Ali Larakí

Impreso Por

SİSTEM MATBAACILIK
Yılanlı Ayazma Sk. No:8
Davutpaşa - Zeytinburnu / İST.
Tel.: (0212) 482 11 01 (3 Hat)
İstanbul 2005

ÍNDICE

Religión, Terrorismo, Guerra y la Necesidad de una ética Global

Bekir Karlığa

La Yihad

Ali Bulaç

Terrorisma y Armas Químicas Usadas con Fines Terroristas

Nevzat Tarhan

Una definición de martirio ¿Puede un terrorista ser un mártir?

Hikmet Yüceoğlu

Los Ataques Suicidas y el Islam

Ergün Çapan

Opiniones Sobre Las Reglas de la Guerra Según la ley Musulmana

Ahmet Güneş

El Asesinato y su Castigo en el Corán y en la Torá

Adil Öksüz

PRÓLOGO

En los medios de comunicación mundiales, «Islam» y «terror» son frecuentemente mencionados a la vez. Frases como «terroristas islámicos» son ahora bastante corrientes. ¿Hasta qué punto es pertinente mencionar las palabras «Islam» y «terror» una junto a la otra? ¿Es de hecho apropiado mencionar cualquier palabra que implique terrorismo en yuxtaposición con el Islam? ¿Acaso las fuentes primordiales del Islam y las tradiciones de diferentes pueblos acaecidas en distintos lugares a lo largo de la historia permiten el terrorismo? ¿O esta relación entre el Islam y el terrorismo no es más que un intento de empañar la brillante faceta del Islam? De hecho, eso es lo que esencialmente ha ocurrido. ¿Acaso yihad significa—directa o indirectamente— terror? ¿Cuál es la posición del Islam respecto de los ataques suicidas; ataques de los que no se puede saber dónde, cuándo y contra quién van a ser ejecutados, o quién va a ser cruelmente asesinado?

Somos de la opinión que, con el fin de encontrar respuestas satisfactorias a estas preguntas y a otras similares y para hacérselas llegar a la opinión pública mundial, es una obligación histórica investigar estos temas con los expertos en los mismos. Por lo tanto, hemos consultado a las autoridades en dichos temas, ya que el modo más científico y el enfoque más apropiado de conocer un tema es preguntar a los expertos. De hecho, del mismo modo que no sería sensato pedirle consejo a un ingeniero en un asunto médico, consideramos que la opinión de un solo experto en dicho asunto es preferible a la de cientos de opiniones emitidas por profesionales de otros campos que carecen de experiencia en el asunto en cuestión.

Ciñéndonos a los hechos, existe un caos terminológico muy importante en estos momentos, particularmente en lo que se refiere a vocablos y expresiones relacionados con el Islam. Esto es producto de distintas razones, siendo una de las más importantes el hecho de que los musulmanes interpretan el Islam de acuerdo a los sentimientos generados por la abrumadora impotencia e indefensión en la que han caído. La otra razón es que cierta gente ajena al Islam ha atribuido nuevos significados al Corán, al Hadiz (las tradiciones proféticas, relatos de sus dichos y hechos) y a los términos y conceptos islámicos más esenciales —los cuales han cristalizado y madurado nutriéndose de esas dos fuentes divinas— en referencia a la cultura en la que han crecido y diseminándolos luego por el mundo entero de distintos modos.

Por consiguiente, en este trabajo, argumentos como terrorismo, ataques suicidas, yihad y otros de la misma índole serán analizados directamente desde sus fuentes en artículos escritos por expertos en diferentes campos de las ciencias islámicas.

Se han incluido al principio del libro algunos pasajes de una reciente entrevista realizada al intelectual turco M. Fethullah Gülen, un destacado erudito del Islam. Su punto de vista sobre el terror es digno de ser mencionado, ya que afirma que «no hay terrorismo islámico. Un terrorista no puede ser musulmán». Además de declarar que desde los parámetros del Islam, nadie puede justificar o permitir dichos ataques. Este libro incluye un extensivo análisis sobre los siguientes temas: i) el Islam siempre ha aprobado la paz; ii) el Corán contempla la vida humana como elevada e inviolable; iii) el Islam considera el asesinato como uno de los pecados más graves y como un crimen castigado con la pena de muerte; iv) en el Islam, incluso en tiempos de guerra, existen reglas que se han de respetar, por lo que no se puede matar a civiles inocentes; v) el Profeta Muhammad, que la bendición y la paz sean sobre él, fue el primero en establecer dichas reglas para las guerras, vi) el Islam considera los ataques suicidas como atroces asesinatos; y vii) los ataques suicidas pueden llegar a ser perpetrados bajo el efecto de drogas químicas.

Esperamos que este libro y los artículos en él incluidos faciliten de algún modo la comprensión que el Islam tiene del terrorismo. La única manera de poner fin al terrorismo y a semejantes violentos atentados es reconocer cuál es su verdadera fuente. Mientras dicho tema siga siendo turbio y oscuro, por la razón que sea, no se podrá evitar el terrorismo.

Entrevista con M. Fethullah Gülen

Nuriye Akman

«EN EL VERADERO ISLAM, NO EXISTE EL TERRORISMO»

Los musulmanes deben de decir: «En el verdadero Islam, el terrorismo no existe».

Hoy, lo mejor que se puede decir acerca del Islam es que nos es completamente desconocido. Los musulmanes deben de decir: «En el verdadero Islam, el terror no existe». En el Islam, matar a un ser humano es un acto tan grave como la infidelidad. Nadie puede matar a un ser humano. Nadie puede tocar a una persona inocente, incluso en tiempos de guerra. Nadie puede emitir un fatwa (pronunciamiento legal en el Islam) sobre este asunto. Nadie puede ser un terrorista suicida. Nadie puede abalanzarse sobre una multitud con explosivos adheridos a su cuerpo, sea cual sea la religión de dicha multitud, ya que el Islam no permite eso. Incluso en situación de guerra —cuando es difícil mantener un equilibrio —eso no está permitido en el Islam. El Islam dice: «No toquéis a los niños ni a la gente que adora en las iglesias». Esto no ha sido dicho una sola vez, sino que ha sido repetido una y otra vez a lo largo de la historia. Lo que expresó nuestro maestro, el Profeta Muhammad, lo que dijo Abu Bakr y lo que señaló Omar es lo mismo que posteriormente dijeron Salahaddin Ayyubi, Alparslan y Kılıçarslan. Más tarde, el Sultán Mehmet II el Conquistador aplico dicha regla tras su conquista de la capital del Imperio Bizantino. Por consiguiente, la ciudad de Constantinopla, donde reinaba el desconcierto, se convirtió en Estambul. En esta ciudad, griegos y armenios, cristianos, judíos y musulmanes, en definitiva diferentes naciones y creencias, convivían unos con otros con total libertad y en paz. Poco tiempo después de la conquista de Constantinopla, la gente de la ciudad colgó en la muralla un enorme retrato del Conquistador en lugar del retrato del Patriarcado. Es increíble que dicho comportamiento se manifestase en dicho momento. La historia cuenta que el Sultán hizo llamar al Patriarca y le dio la llave de la ciudad. Incluso hoy, el Patriarcado le recuerda con respeto. Sin embargo, hoy el Islam, como en tantos otros aspectos, no es comprendido debidamente. El Islam ha respetado siempre diferentes puntos de vista e ideas, y esto debe entenderse para que pueda valorarse adecuadamente.

Lamento decir que en los países donde viven los musulmanes, algunos líderes religiosos y musulmanes inmaduros no tienen a mano más arma que su interpretación fundamentalista del Islam. La usan para atraer a algunas personas hacia luchas que sirven a sus propios propósitos. De hecho, el Islam es una fe verdadera y debe ser vivida sinceramente. Con el fin de alcanzar la fe no se pueden usar medios falsos. En el Islam, del mismo modo que una meta ha de ser legítima, también han de serlo todos los medios para alcanzarla. Desde esta perspectiva, uno no puede alcanzar el Paraíso asesinando a otra persona. Un musulmán no puede decir: «Voy a matar a una persona y de esta manera ir al Paraíso». El beneplácito, la aprobación de Dios no se alcanza matando a gente. Una de los objetivos de mayor importancia para un musulmán es conseguir la aprobación de Dios. Otro es dar a conocer al universo el nombre de Dios Todopoderoso.

Los preceptos del Islam son claros. Los individuos no pueden declarar la guerra. Un grupo o una organización tampoco. La guerra es declarada por un estado, no puede ser declarada sin un presidente o un ejército. De no ser así, se trataría de un acto de terrorismo y en tal caso, se emprendería una guerra reuniendo alrededor de —y perdón por mi lenguaje—unos cuantos bandidos. Cualquier persona puede reunir a otros a su alrededor con este fin. Si la gente pudiese declarar la guerra a título individual, reinaría el caos; ya que se formarían frentes por doquier debido a pequeñas diferencias sin importancia, incluso por gente cabal. Algunas personas dirían: «Declaro la guerra a tal y tal persona». Una persona que sea tolerante con el Cristianismo podría ser acusada de la siguiente manera: «Esta persona ayuda al Cristianismo y debilita el Islam. Se debe entablar hostilidades con el y hay que matarle». El resultado sería una declaración de guerra. Afortunadamente, ello no es tan fácil. Quien haga eso —a pesar de que sean eruditos que admiro— no declara una verdadera guerra. Esto contradice el espíritu del Islam. Las normas sobre la guerra y la paz están claramente establecidas en el Islam.

No existe un auténtico mundo musulmán

En mi opinión, no existe realmente un mundo musulmán. En ciertos lugares viven más musulmanes que en otros. El Islam se ha convertido en un modo de vida, en una cultura; no es seguido como si fuese una fe. Hay musulmanes que han reestructurado el Islam según sus ideas. No me refiero a los musulmanes radicales y extremistas, sino a los musulmanes comunes que viven el Islam como corresponde. Es condición indispensable del Islam creer «verdaderamente» y vivir de acuerdo al mismo. Los musulmanes han de asumir las responsabilidades inherentes al Islam. No se puede decir que semejantes sociedades con esos conceptos y esa filosofía existen en la geografía islámica. Si decimos que existen, entonces estamos difamando al Islam. Si decimos que el Islam no existe, estaremos entonces difamando a los seres humanos. No creo que los musulmanes puedan contribuir mucho al equilibrio del mundo en un futuro próximo. No veo a nuestros administradores con esa visión. El mundo islámico es bastante ignorante, a pesar de su moderado resurgimiento cultural en nuestros días. Se puede comprobar este fenómeno durante el Hayy? Podemos verlo manifestado en conferencias y carteles. Podemos verlo en sus parlamentos a través de la televisión. Hay una seria desigualdad en esta cuestión. Ellos —dichos musulmanes— no pueden resolver los problemas del mundo. Tal vez eso se realice alguna vez en el futuro.

Hoy en día existe un Islam «individual». Hay algunos musulmanes en diferentes partes del mundo. Uno a uno se han ido separando entre si. Yo, personalmente, no conozco a nadie que sea un musulmán perfecto. Si los musulmanes no se pueden poner en contacto los unos con los otros y unirse, para trabajar juntos y resolver problemas en común, interpretar el Universo, comprenderlo bien, considerar cuidadosamente el universo según el Corán, interpretar bien el futuro, generar proyectos para el futuro, determinar su lugar en el futuro, entonces no creo que podamos hablar de un mundo islámico. Al no haber mundo islámico alguno, cada uno actúa de modo individual. Se puede incluso decir que hay algunos musulmanes con sus propias verdades personales. No se puede alegar que exista una comprensión musulmana consensuada, aprobada por expertos capacitados, fiablemente fundamentada sobre el Corán y repetidamente probada. Se podría decir que lo que predomina es la cultura musulmana en vez de la cultura islámica.

Esto ha sido así desde el siglo V de la Hégira (S.XI d.C.). Empezó en la era Abbasí y con la aparición de los Selyucidas. Aumentó tras la conquista de Estambul. En los períodos que siguieron, las puertas a nuevas interpretaciones se cerraron. Los horizontes del pensamiento se estrecharon. El aliento del espíritu del Islam se cerraba sobre si mismo. Se empezó a ver gente menos escrupulosa en el mundo islámico; gente susceptible, que no aceptaba a los demás, que no abrían. Esta estrechez se sintió también entre las cofradías de los derviches. Se dice que también se sintió en las madrasas (escuelas de teología). Y, por supuesto, todos estos principios e interpretaciones precisan de revisión y renovación por gente experta en sus campos.

La Red de Al-Qaeda

Una de las personas a quien más odio en el mundo es Osama Bin Laden, por haber mancillado el buen nombre del Islam. Ha creado una imagen emponzoñada. Incluso aunque intentemos todo lo posible por reparar el terrible daño ocasionado, nos llevaría años repararlo.

Hablamos de esta perversión en todas partes y en diferentes foros. Hemos escrito libros al respecto. Decimos: «esto no es Islam». Bin Laden ha reemplazado la lógica islámica con sus propios sentimientos y deseos. Es un monstruo, igual que lo son los que le rodean. Si existe gente igual a ellos en cualquier otro lugar, no son nada más que monstruos.

Condenamos la actitud de Bin Laden. Sin embargo, la única manera de prevenir este tipo de acciones es que los musulmanes que viven en países que parecen ser islámicos —y ya he dicho con anterioridad que no percibo un mundo islámico, sino que sólo existen países donde viven musulmanes— resuelvan sus propios problemas.

¿Deberían pensar de modo diferente cuando elijan a sus líderes? ¿O deberían de llevar a cabo reformas fundamentales? A fin de que crezca una nueva generación bien desarrollada, los musulmanes deberían de trabajar para solucionar sus problemas. No sólo sus problemas en materia de terrorismo, execrable instrumento indu-dablemente no aprobado por Dios, sino también en lo que concierne a las drogas y al tabaco, otras dos prohibiciones hechas por Dios. Discrepancias, agitación popular, pobreza inagotable, la desgracia de ser gobernados por otros y ser insultados tras tener que aguantar ser gobernados por potencias extranjeras, son problemas que se podrían añadir a esta lista.

Tal y como dijo Mehmet Akif Ersoy: la esclavitud, los múltiples problemas, la adicción, la aceptación en y el escarnio son corrientes. Todo esto repugna a Dios, y todo ello está fundamentalmente establecido en nuestra nación. Superar esto, en mi opinión, depende de ser un ser humano justo y un ser humano dedicado a Dios.

Nuestra responsabilidad

Es nuestro error; es un error de la nación. Es un error de la educación. Un musulmán real, uno que entiende el Islam en todos sus aspectos, no puede ser un terrorista. Es duro para una persona seguir siendo musulmán si está implicado en el terrorismo al mismo tiempo. La religión no permite el asesinato de personas para cumplir una meta.

Pero ¿qué esfuerzo hemos hecho para educar a esas personas como seres humanos perfectos? ¿Con qué elementos les hemos vinculado? ¿Qué tipo de responsabilidad hemos tomado en su educación, para que ahora esperemos que no se hagan terroristas?

Se puede evitar que las personas se hagan terroristas a través de algunas virtudes producidas por la fe musulmana, tal y como el temor a Dios, temor al Día del Juicio Final y temor a oponerse a los principios de la religión. Sin embargo, no hemos establecido la sensibilidad necesaria sobre este asunto. Hasta la fecha sólo ha habido algunos pequeños intentos para tratar esta descuidada cuestión. Pero, desafortunadamente, algunos de nuestros propios compatriotas han puesto obstáculos en el camino.

Algunos dicen que el tipo de actividades que llevamos a cabo no deberían de ser permitidas. Por lo tanto, las asignaturas en las que se enseña cultura y moralidad deberían de prohibirse totalmente en las instituciones de enseñanza. A la vez, sostenemos que todas las necesidades de la vida deberían de satisfacerse en las escuelas. La educación sanitaria debería de proporcionarse e impartirse por médicos. Las asignaturas que tuviesen que ver con la vida en general y en el hogar deberían ser exhaustivamente enseñadas en la escuela.

A la gente se le debería de enseñar cómo comportarse con sus futuras esposas y cómo educar a sus hijos. Pero el asunto no se detiene aquí. Tanto Turquía como otros países que poseen una gran población musulmana sufren del abuso de las drogas, el juego y la corrupción. No queda nadie en Turquía cuyo nombre no se haya visto involucrado en algún tipo de escándalo. Ha habido metas que debían de haberse alcanzado y se han logrado. Sin embargo, aún quedan objetivos por conseguir. No puedes preguntarle a nadie sobre esto. No puedes pedirle cuentas a la gente encargada. Están protegidos, cobijados, y por lo tanto, se les ha dejado en paz.

Son gente que ha crecido entre nosotros. Todos son hijos nuestros. ¿Por qué algunos se han convertido en malos chicos? ¿Por qué algunos se han criado como matones? ¿Por qué algunos de ellos se han rebelado contra los valores humanos? ¿Por qué en su propio país se autoinmolan en atentados suicidas?

Toda esta gente ha crecido entre nosotros. Por lo tanto, algún fallo ha debido de haber ocurrido en su educación. Luego el sistema debe de tener algunas deficiencias, algunos puntos débiles que precisan ser examinados y eliminados. En resumidas cuentas, no se ha dado prioridad a la educación del ser humano. Mientras tanto, algunas generaciones se han perdido, destruido y malogrado.

Una juventud insatisfecha ha perdido su espiritualidad. Ciertas personas se aprovechan de ellos, dándoles un par de dólares o convirtiéndoles en robots. Les han drogado. Se trata de un tema que está a la orden del día y que puede leerse en todas las revistas. Se ha abusado de estos jóvenes hasta tal punto que pueden ser manipulados. Han sido utilizados como asesinos bajo el pretexto de unos ideales locos y se les ha hecho que maten. Gente perversa ha pretendido cumplir ciertos objetivos utilizando a estos jóvenes.

Se han convertido en robots. En una ocasión, mucha gente fue asesinada en Turquía. Este grupo mato a tal persona; ese otro grupo mató a otra persona. El 12 de marzo de 1971, todos se implicaron en una sangrienta lucha. El ejército apareció en escena e intervino. El 12 de septiembre de 1980, la gente salió a vengarse los unos de los otros. Todos se estuvieron matando entre ellos[1].

Unos querían conseguir algo matando a otros demás. Todos eran terroristas. Los de un lado eran terroristas; los del otro, también, y cada uno calificaba la acción de modo diferente. Unos decían: «Hago esto en nombre del Islam». Otros decían: «Hago esto por mi tierra y mi gente». Un tercero decía: «Lucho contra el capitalismo y la explotación». Sólo eran palabras. El Corán habla de dichas «etiquetas». Son cosas sin valor. Pero la gente se sigue matando. Todos mataban en nombre de un ideal.

En nombre de estos sangrientos «ideales» mucha gente fue asesinada. No era nada más que terrorismo. Tanto los musulmanes como los no musulmanes cometían el mismo error. Estos asesinatos se convirtieron en una meta «realizable». Asesinar se convirtió en un hábito. Todo el mundo se acostumbró a asesinar, a pesar de que asesinar sea una acción perversa. Una vez, uno de mis más queridos amigos mató a una serpiente. Era un licenciado en teología y es ahora un predicador. Como reacción ante lo que hizo, no le hablé durante un mes. Le dije: «Esa serpiente tenía derecho a vivir en la naturaleza. ¿Qué derecho tenías de matarla?».

Hoy por hoy, la situación es tal que si matan a diez o veinte personas o si las bajas no son tan elevadas como se esperaba, decimos: «Eso no está tan mal, no han muerto muchos». Esta increíble violencia se ha convertido en aceptable para la gente a unos niveles horrendos. Solemos decir: «Está bien que el número de muertos sea sólo veinte o treinta». En resumidas cuentas, la sociedad en general ha terminado por aceptar esto como parte de nuestras vidas.

Esta situación podría haber sido prevenida por medio de la educación. Las leyes del gobierno podrían haber prevenido eso. Algunos grupos minoritarios y protegidos y a los que no se les puede detener, exageran los asuntos triviales y encumbran los insignificantes. Existe un remedio para ello. El remedio es enseñar la verdad directamente. Se debe de dejar claro que los musulmanes no pueden ser terroristas. ¿Por qué? Pues porque la gente ha de comprender que si hacen algo malo,

---

1   Turquía ha sufrido tres golpes de estado militares durante la segunda mitad del siglo XX. Las fechas mencionadas corresponden al primero y al segundo, los cuales acontecieron por el malestar social reinante.

aunque sólo sea del tamaño de un átomo, pagarán por ello en esta y
en la Próxima Vida (El Corán, 99:7-8).

En efecto, matar a un ser humano es algo serio. El Corán dice que
matar a una sola persona es como matar a todo el mundo. Ibn Abbas
dice que el asesino permanecerá en el infierno eternamente. Es el
mismo castigo que el que se asigna a los incrédulos. Eso significa que
el asesino estará sometido al mismo castigo que el incrédulo. Por lo
tanto, en el Islam y respecto al castigo a recibir en el Día del Juicio
Final, el asesino será considerado tan bajo como quien ha rechazado a
Dios y al Profeta (es decir: un ateo). Si esto es un principio fundamental
de la religión, debería de ser enseñado a través de la educación.

ISLAM COMO RELIGIÓN DE PAZ Y TOLERANCIA

İbrahim Canan

Con la aparición de los modernos medios de comunicación y de transporte, el mundo se ha convertido en una aldea global. En esta aldea global de hoy en día lamentablemente es bastante fácil influir en la gente, destacando el poder y la importancia de los medios de comunicación en este sentido. Por desgracia en muchos lugares del mundo, incluido en Turquía, los medios de comunicación han intentado recientemente dar una imagen del Islam como si de una religión del terrorismo se tratase. Es deber de los musulmanes, una vez más, hacer conocer la verdad en respuesta a este desconocimiento de lo que es el Islam, a esta ignorancia —y también a la negativa a interesarse por saber más acerca del Islam— por parte de los medios de comunicación y de otra organizaciones influyentes. Se trata de un desconocimiento originado en gran medida por las malas intenciones de aquellos que lo transmiten y por el hecho de que los musulmanes no han sido capaces de presentar y representar el Islam del modo en que deberían de haberlo hecho.

El significado general del Islam y sus características esenciales

La palabra Islam procede de la palabra *silm*, que significa reconciliación, paz, sumisión y liberación. Las revelaciones anteriores al Islam fueron dirigidas a determinadas naciones. Cada una de estas religiones, o bien tenían las características de ser religiones nacionales, o bien fueron luego transformadas en religiones nacionales. Por primera vez en la historia, el Islam vino como religión para toda la humanidad y el Profeta Muhammad, que la paz y la bendición sean sobre él, fue el primero en ser honrado con un deber para con toda la humanidad, dirigiéndose Dios Todopoderoso a él de la siguiente manera:

> Y no te hemos enviado más que como un portador de buenas nuevas y como aquel que advertirá a todos los hombres. Sin embargo, la mayor parte de los hombres no sabe (El Corán, 34:28).

En efecto, el Profeta es un profeta de compasión, no sólo enviado a la humanidad, sino a todas las dimensiones de la existencia.

> Y no te hemos enviado sino como misericordia para todos los mundos (El Corán, 21:107).

El Islam es una religión de unidad. Lo que significa que en el ámbito de la fe, se trata de una religión basada únicamente en creer en Dios, el Señor y Soberano. Unidad en el sentido de visión del mundo, de la vida y del sistema social, lo cual lleva a la unidad de los seres humanos, a la hermandad, a la igualdad de los derechos elementales y la abolición de toda discriminación por razones de idioma , color, raza, familia o linaje.

El Islam, que anunció el final de las religiones exclusivas de una nación en la historia de la humanidad, invita a la gente a vivir en libertad en el marco de leyes comunes. El Islam ha abolido todo lo que pertenece a la Era de la Ignorancia[2] y todo aquello que posee las características de aquel período, como, por ejemplo, el egoísmo, la brutalidad, la opresión y la injusticia. El Islam ha erradicado en gran medida todo esto. Según el Islam, la expresión «estar enfrentados como el perro y el gato», ha sido reemplazada por «ama a tu vecino». La vida no es una «lucha», sino un proceso de «cooperación». El principio «que los demás trabajen mientras yo descanso», ha sido reemplazado por «ayuda»; la «opresión» ha cedido su lugar a la «justicia»; la «crueldad» ha cedido su lugar a la «misericordia» y a la «compasión»; y se ha instituido el principio de que la gente ha sido creada libre e igual y que las personas tienen derechos según el grado de su aportación a la sociedad. El injusto principio de que el «poder es el derecho» ha sido extirpado y la norma de que el «la rectitud es poder y los rectos son poderosos» ha sido

---

2   El período anterior a la llegada del Islam.

establecida. Las sociedades han puesto su fe en los derechos y la justicia del Creador y no en las leyes egoístas y aleatorias de una minoría victoriosa o de habilidosos opresores.

El Islam ha declarado que toda la gente tiene honor, sin discriminación socio-política, material-espiritual, racial-cultural que valga, y les ha concedido un estatus por encima del resto de las criaturas vivientes. El Corán dice:

> Es cierto que hemos honrado a los hijos de Adán (17:70).

De hecho, según el Islam, aunque alguien sea un infiel, su persona, sus posesiones, su vida y su honor no pueden ser violados. La salud mental y corporal y la libertad de formar una familia son los derechos inalienables de cada individuo. Del mismo modo, ningún otro derecho básico y libertad pueden ser violados. Incluso en estado de guerra, las mujeres, los niños y los ancianos que no luchan son perdonados. Según la justicia expresada por el Sagrado Corán, el asesinato de una persona inocente es tan espantoso como si fuese el asesinato de toda la humanidad. Según el Islam, los derechos individuales no pueden ser violados de ninguna manera, incluso si al hacerlo se beneficiase toda la comunidad. Los derechos de un solo individuo son tan sagrados como los de toda gente[3].

Ejemplos de tolerancia en el pasado

Debido a la superioridad y a la sabiduría que el Islam proporciona a la gente, los musulmanes siempre han aportado justicia, libertad y humanidad allá donde fueron. A lo largo de la historia del Islam, los Califas, siguiendo el ejemplo del Mensajero de Dios, dieron órdenes a los generales que mandaron al campo de batalla de acuerdo con las prescripciones dadas por Abu Bakr a Usama cuando le envió a Siria (estás órdenes constan en los anales de la historia):

> ¡Usama! No traiciones, cometas injusticias, saquees o profanes los cuerpos. No mates a niños, ancianos, mujeres, y no arrases los huertos de dátiles ni los quemes. No cortes árboles frutales. No

---

3   *… quien matara a alguien, sin ser por haber matado a otro o por haber corrompido en la tierra, sería como haber matado a la humanidad entera. Y quien lo salvara, sería como haber salvado a la humanidad entera…* (El Corán, 5:32)

mates a las ovejas, las reses o a los camellos excepto si es para comerlos. Puede ser que te encuentres con personas que se han retirado a monasterios, no les toques ni interfieras en su adoración...[4]

Es importante recordar un par de líneas del texto del tratado que el Profeta firmó con los cristianos de Nayran, el cual proporciona un perfecto ejemplo para los musulmanes que lo sigan hasta el Día del Juicio Final:

> La protección de Dios y la tutela de Muhammad son derechos legales para la gente de Nayran, para los que se hallan entre ellos y para los que aún no están, para sus familias (y sus afiliados), incluyendo sus posesiones, vidas, sus prácticas religiosas y todo lo que les pertenece. Ningún obispo será enviado fuera de su obispado, ningún párroco será enviado fuera de su parroquia, ningún monje será sacado de su monasterio donde vive y enviado a otro lugar... no les estará permitido que opriman a los demás, ni ellos serán oprimidos. Ninguno de ellos será responsable por un crimen o injusticia cometida por otro (Hamidullah 2003, 1:622).

Una vez, un cristiano insultó y maldijo al Profeta ante la casa de Gharafa ibn Hariz, uno de los compañeros del Profeta. Gharafa, que no lo pudo soportar, atacó al cristiano; y durante la pelea, le rompió la nariz. El cristiano se quejó a Amr ibn al-As de lo que le había hecho Gharafa. Amr ibn al-As censuró a Gharafa diciéndole:

«Se les ha prometido que estarían a salvo. ¿Por qué has hecho eso?».

Gharafa dijo: «No creía que la promesa significaba que podían maldecir al Mensajero de Dios. Lo que me consta es que se les prometió que estarían a salvo en lo siguiente:

1) Que no interferiremos en sus iglesias, de tal modo que podrían rezar como quisieran.
2) Que no les pondremos bajo ninguna obligación que no puedan cumplir.
3) Que lucharemos en su bando si algún enemigo les ataca.
4) Que podrán resolver sus disputas como quieran.

---

4   Ibn Azir, 2:335.

5) Que juzgaremos según los mandamientos de Dios y Su Profeta sólo para aquellos que quieran someterse a nuestras leyes».

Entonces, Amr ibn al-As le dijo: «Tienes razón» (Ibn Abdulbarr 3:193-194).

En la época del Califa Omar, en el 14 de la Hégira (635), la ciudad de Humus fue conquistada. Pero al año siguiente, cuando llegaron noticias de que Heraclio había preparado un ejército de 200.000 hombres para atacar, los musulmanes decidieron evacuar la ciudad. Cuando la abandonaron, devolvieron el impuesto de capitación (impuesto per capita que era cobrado a aquellos que no eran musulmanes) que le habían cobrado a los habitantes de Humus y les dijeron lo siguiente: «Os hemos cobrado este impuesto, pero no vamos a poder defenderos. Vais a tener que defenderos vosotros mismos». Los habitantes de Humus, cristianos y judíos, que sabían lo que significaba estar bajo el gobierno bizantino, no estaban satisfechos con esta situación, más bien se entristecieron. Los cristianos dijeron: «Vuestro gobierno y justicia es mejor para nosotros que la opresión y la injusticia bajo la que vivíamos antes de vuestra llegada. Juntaremos nuestras fuerzas a las de vuestro gobernante y defenderemos la ciudad del ejército de Heraclio». Los judíos dijeron: «¡Por la Torá! El gobernador de Heraclio no entrará en la ciudad de Humus a no ser que nos derrote y pase sobre nosotros».

Los habitantes de la ciudad cerraron las puertas y defendieron la ciudad. Cuando las huestes de Heraclio fueron derrotadas y se retiraron, la población de la ciudad recibió a los musulmanes con los brazos abiertos. Belazuri, que relata los acontecimientos, prosigue así: «Las otras ciudades cristianas y judías que prefirieron el gobierno islámico actuaron del mismo modo y dijeron: Si los romanos y sus súbditos vencen a los musulmanes, seguiremos como habíamos estado. Pero si queda un solo musulmán, cumpliremos nuestros tratados» (Belazuri 1987, 187).

Del mismo modo que los musulmanes permitieron a los miembros de otras religiones que vivieron bajo su gobierno practicar su propia fe, también permitieron que se construyesen mezquitas, iglesias y sinagogas unas junto a otras. Hubo incluso cristianos y musulmanes adorando en diferentes partes del mismo templo. Esta práctica fue iniciada por el Profeta, el cual asignó una parte de la mezquita (Masyid al-Nabawi) para que una delegación de cristianos de Nayran pudiese realizar sus plegarias el domingo, y se mantuvo durante el gobierno de los primeros califas. Se tiene noticia de que semejantes prácticas tuvieron lugar en Córdoba bajo el gobierno Omeya (Özdemir, 1994, 1:68). Este respeto y esta tolerancia hacia los diferentes credos, el cual queda manifestado en la coexistencia de mezquitas, iglesias y sinagogas unas junto a otras en algunos distritos de Estambul, proviene de la esencia del Islam y de las prácticas prescritas por el Profeta Muhammad, que la paz y las bendiciones sean con él. El hecho de que esto se ha perdido con el tiempo en algunos territorios islámicos o por algunos musulmanes, no tiene nada que ver con el Islam. En esos casos, hay que buscar la causa en cuestiones sociológicas, psicológicas, regionales o individuales.

El caso de que la población local prefiriese el gobierno islámico al de sus correligionarios no es un caso excepcional. Existen muchos más ejemplos. La cita que hace el difunto Osman Turan de un historiador cristiano de Urfa es sorprendente: «Melikşah, que era el más justo, sabio y fuerte de los hombres, era como un padre para toda la gente y para los cristianos. Todos los nativos bizantinos, incluidos los armenios, se sometieron a su gobierno por voluntad propia» (Turan, 1969, 2:138).

Un escritor cristiano se quejaba de la conversión al Islam de muchos cristianos debido al gobierno tolerante y liberal de los musulmanes turcos. Esta tolerancia hizo que los Bizantinos, que ya habían tenido bastante con el saqueo, el pillaje y la opresión cometidos por los latinos en Estambul en 1204, «prefiriesen el turbante turco a la mitra latina en Estambul» (Turan, 1969, 2:153). Este escritor reveló la naturaleza del Islam e indicó el principio que los musulmanes siguen al expresar su descontento:

> Tres mil cruzados, escapándose de la tiranía de los bizantinos ortodoxos, se convirtieron al Islam. ¡Oh, vuesa merced, sois más tirano que «traidor»! Pues los turcos, siendo serviciales y compasivos hacia los cristianos, les han dado su religión. Y nunca les forzaron a convertirse (Turan, 1969, 2:162).

El derecho a la vida, la libertad en la práctica de la religión, lengua, ley, cultura y vestido y la tolerancia mostradas a los no-musulmanes surgieron naturalmente del Islam. En un hadiz en el que se insta a los administradores musulmanes a que traten bien a los no-musulmanes, se declara lo siguiente: «Soy el enemigo de cualquiera que dañe a un no-musulmán. Quien sea mi enemigo se las verá conmigo el Día del Juicio Final»[5]. Ningún musulmán que crea en la Próxima Vida deseará correr el riesgo de vérselas con el Profeta en el más allá. En otro hadiz, se dice lo siguiente:

> El que calumnie a un no-musulmán acusándole de adulterio, su castigo serán latigazos de fuego el Día del Juicio Final[6].

Además, se ha de señalar que los no-musulmanes tenían libertad para aplicar sus propias leyes en materia de justicia. Ello tiene su origen en el hecho de que se les reconocía el derecho a la libertad religiosa. Pero, a la vez, si los no-musulmanes acudían a un tribunal islámico, sus casos serán justamente juzgados. El Corán dice:

> Y si juzgas, juzga entre ellos con ecuanimidad. Es cierto que Dios ama a los ecuánimes (5:42).

Como apoyo de lo mencionado, sería apropiado citar un edicto imperial escrito por el Sultán otomano Mustafa III y dirigido a su Gran Visir:

> En base a las quejas que nos llegan de Moldavia y Valaquia parece ser que no te has interesado en los problemas de los cristianos que viven ahí. En estos tiempos en que se está realizando un esfuerzo por enviar nuevos administradores a Mora y al Hiyaz, lo que deseo de mi Gran Visir es que elija a funcionarios de entre aquellos que son reconocidos por su integridad. No quiero ver que no has concedido la debida importancia a dicha elección por el hecho de que la gente de esos lugares tenga distinta religión y lengua. Puesto que son mis súbditos, quiero que sepas que tienen los mismos derechos que mis

---

5   An-Nabahi, 3:144; Ayluni, 2:218.
6   Tabarani, *Al-Muyamil al-Kabir*, 22:57.

súbditos en Estambul... (Citado del periódico Tercüman, 9 de febrero de 1983).

Presentar y comunicar el Islam

El Islam considera al ser humano como la más honorable de las criaturas, dotada de conciencia y voluntad; por consiguiente, reconoce la libertad de credo como un derecho inalienable. El Islam toma como principio fundamental la eliminación de los obstáculos que se hallan entre Dios y el intelecto, la conciencia y la voluntad humanas. Por lo tanto, hace hincapié en el hecho de que cuando el Islam es presentado, se debe seguir el camino de lo que se puede llamar como «presentar y comunicar»; la vía de practicar y comunicar el Islam de la mejor manera posible.

En muchos versículos del Corán se declara que no existe más obligación para el Profeta y para los demás profetas que la de transmitir claramente la religión[7]. Es más, al Profeta se le indica y advierte que no presione a la gente:

> Así pues, llama al recuerdo, pues sólo eres alguien que despierta al recuerdo. No tienes potestad sobre ellos (Al-Ghashiya 88:22).

Antes del Islam, algunos habitantes de Medina, sobre todo si uno de sus hijos sobrevivía, hacían una promesa por la que les harían seguir «el camino de la Gente del Libro». Por esa razón, en la época del Profeta algunos hijos de paganos eran «Gentes del Libro». Cuando el Islam llegó a Medina, algunas familias intentaron forzar a sus hijos a que se convirtieran al Islam, por lo que el siguiente versículo fue revelado:

No hay coacción en la religión, pues ha quedado claro cuál es la buena dirección y cuál el extravío (Al-Baqara 2:256)[8].

Gracias a este principio coránico, los musulmanes nunca forzaron a la población de los lugares que conquistaron a que se convirtiese al Islam. Algunos autores ingleses han señalado este aspecto del Islam, haciendo la siguiente confesión: «Si los europeos hubiesen gobernado Asia en lugar de los árabes y los turcos, no habría quedado nada de la

---

7   An-Nahl 16:35, 82; Al 'Imran 3:20; Al-Ma'ida 5:92, 99; Ar-Ra'd 13:40; Ibrahim 14:5, etc.

8   Az-Zuhayli 1991, 3:20.

iglesia griega ortodoxa, y no habrían practicado la misma tolerancia hacia el Islam; la misma tolerancia que esos infieles (los musulmanes) han practicado con el cristianismo (Toynbee 1978, 285).

Los musulmanes nunca interfirieron con los valores locales de los lugares a los que llegaron, sino que los preservaron, según confirman los etnógrafos. Por ejemplo, cuando los otomanos dejaron el este de Europa, el norte de África y el Oriente Medio, surgieron muchas naciones con sus propias religiones, lenguas y vestidos tradicionales.

La consideración del Islam para con la Humanidad.

Otra razón que impide a los musulmanes usar la fuerza al trasmitir su religión es la «consideración y el respeto hacia la humanidad», tal y como consta en el Corán.

Según esta consideración, la humanidad tiene una creación diferente en comparación con otras formas de vida como las plantas, los animales y los ángeles. Los seres humanos han sido creados con una predisposición hacia el bien o el mal y se les ha dado razonamiento y comprensión. Se les ha dicho también que se dirijan hacia el bien y que elijan lo que sea prometedor, bello y bueno. Se les ha dado razonamiento y libre voluntad para poder realizar dichas elecciones. Por lo que deben poder distinguir lo que es bello y prometedor con sus intelectos y elegirlo con su libre voluntad. Tienen la responsabilidad de realizar dichas elecciones. El hecho de ser criaturas responsables de sus acciones proviene de dichas cualidades.

Para los musulmanes, la vida de este mundo es una prueba. En esta prueba, realizada a fin de alcanzar la próxima vida, lo esencial es usar la libre voluntad de uno. Del mismo modo en que la gente no es responsable de los pecados que han sido forzados a realizar, la cuestión de si las buenas o malas acciones que han sido realizadas bajo coerción tienen algún valor o no también podría debatirse. Por lo tanto, la coerción nunca ha sido puesta en práctica durante la transmisión del Islam y nunca lo será.

Un objetivo legítimo, medios legítimos y palabras clementes

El Islam hace hincapié en la necesidad de alcanzar objetivos legítimos a través de medios y vías legítimas. Al igual que los objetivos, las vías y los medios que nos llevan a ellos deberían ser también legítimos. Por lo tanto, el Islam nunca aceptará la coerción, la tortura, la anarquía o el terror como medios para conseguir su propósito. Es más, el Islam exhorta a que incluso se usen palabras clementes al dirigirse a tiranos —como con el Faraón, en tiempos del profeta Moisés— en su transmisión.

El Corán expresa esta apelación al uso de un lenguaje compasivo, con Moisés y Aarón del siguiente modo:

> Id los dos al Faraón pues él ha sobrepasado todo límite. Y habladle de manera suave, tal vez recapacite y se guarde (20:43-44).

En uno de los versículos que determinan cómo deben ser las relaciones con la Gente del Libro, el Corán dice:

> Y no discutas con la gente del Libro sino de la mejor manera, a excepción de los que hayan sido injustos. Y decid: Creemos en lo que os ha hecho descender a vosotros, nuestro Dios y vuestro Dios es Uno y nosotros estamos sometidos a Él (29:46).

> Di: ¡Gente del Libro! venid a una palabra común para todos: Adoremos únicamente a Dios, sin asociarle nada y no nos tomemos unos a otros por señores en vez de Dios (3:64).

También queremos citar aquí otro versículo que puede ser empleado para determinar el método a seguir en la transmisión de la religión verdadera a toda la gente, incluida la gente del Libro:

> Llama al camino de tu Señor por medio de la Sabiduría, la buena exhortación y convenciéndoles de la mejor manera (16:125).

Otro versículo denomina el tierno trato que el Profeta dispensaba a la gente a la que se dirigía como «misericordia divina» y nos recuerda que si el Profeta se hubiese comportado rudamente, le habrían abandonado incluso sus más allegados[9].

---

9   *Por una misericordia de Dios fuiste suave con ellos. Si hubieras sido áspero, con un corazón de piedra, se habrían alejado de tu alrededor...* (3:159).

El Profeta hizo hincapié en la importancia de persuadir a la gente para que vean la belleza del Islam y en representar al Islam en sí mismo. Empleaba la mezquita como escaparate y galería para dicho fin. Por ejemplo, solía acoger grupos de extranjeros en la mezquita. Esa gente comía, bebía, dormía y veía a los musulmanes alinearse para rezar y escuchar la recitación del Corán de noche[10].

A veces, el Profeta ataba a criminales a las columnas de la mezquita. Esos criminales, al ver las escenas que hemos descrito, se reformaban al educarse de manera efectiva. Incluso aquellos que antes eran paganos, se convertían al Islam. Hay mucha gente que ha sido perdonada y bendecida a través del Islam. Sumama ibn Usal fue una de esas personas. Sumama estuvo involucrado en un grave crimen. El Profeta hizo que fuera detenido y se le atase a un pilar de la mezquita. Tres días más tarde, Sumama se hizo musulmán he hizo un gran servicio al Islam[11].

«La Paz Mundial» y el Islam

A fin de entender la importancia que el Islam le da a la paz, tenemos, ante todo, que conocer los aspectos y características de las batallas llevadas a cabo por el Profeta. Al examinarlas con detalle, podremos percibir que dichas batallas fueron esencialmente de naturaleza defensiva.

La primera contienda librada contra la gente de La Meca fue la batalla de Badr. Esta tuvo como cometido hacerle ver a la gente de los Coraichies que no creían en la unidad de Dios, la gran relevancia económica que tenía Medina para ellos, para así finalizar la enemistad existente y que aceptasen la paz. Estaba también destinada a ayudar a los musulmanes a reclamar las posesiones dejadas en La Meca al emigrar a Medina. Dichas posesiones habían sido reunidas por los coraichies en una caravana y se habían mandado a Siria para que fuesen vendidas. En otras palabras, la intención de los musulmanes en este conflicto era el de defender sus posesiones y establecer la paz. No era hacer la guerra por la guerra.

La Batalla de Uhud, que siguió a la de Badr, fue una batalla originada por los habitantes de La Meca que se dirigieron a Medina para vengarse del primer conflicto. Para los musulmanes, ésta no fue sino una contienda puramente defensiva. La batalla de la Trinchera fue también una batalla

---

10   Waqidi 1966, 3:964-65.
11   Bujari, *Maghazi*, 70; Muslim, *Yihad*, 59.

defensiva que fue librada desde tras las trincheras cavadas alrededor de Medina. El cometido de esta batalla era resistir el embate del ejército pagano, y fue librada no sólo contra los habitantes de La Meca, sino contra todas las tribus paganas que lucharon en el bando de La Meca.

Prácticamente, casi todas las campañas militares libradas por el Profeta tenían como cometido repeler el ataque de grandes ejércitos reunidos contra los musulmanes o impedir los preparativos del enemigo (tras haber recibido los musulmanes información al respecto). La batalla de Jaybar, la batalla de Bani Mustaliq, la campaña de Tabuk así como la de Badr, Uhud y la del Foso, fueron contiendas con uno de los dos cometidos arriba mencionados.

La conquista de La Meca, una de las batallas más importantes, fue un esfuerzo sin precedentes para realizar una conquista y obtener la paz a la vez. La ciudad de La Meca fue tomada con la sabiduría del Profeta y de modo pacífico: antes, durante y tras su conquista la ciudad no fue saqueada, su gente no fue asesinada ni exiliada, no se dio venganza alguna, no hubo contienda sangrienta alguna.

Cuando la lucha hubo acabado, se proclamó una amnistía general, con la excepción de unos pocos enemigos que dedicaron su vida a combatir el Islam y los musulmanes, y que insistieron en continuar en dicha vía. Intentaron resistir la conquista con sus espadas. Actuaron fuera de los límites de las convenciones bélicas entonces vigentes y violaron leyes reconocidas comúnmente —fueron un par de personas que, según los criterios actuales, se les habría calificado de criminales de guerra—. Este trato concedido a los habitantes de La Meca fue un emblema de honor para la humanidad, una medalla que la humanidad podrá siempre llevar con orgullo.

Muhammad Hamidullah afirma que el número de paganos que murieron durante los diez años que el Profeta estuvo en Medina fue de unos 250. En aquella época, toda la península arábiga, con un área de 3.884.982 kilómetros cuadrados, se sometió al Islam. ¡Un promedio de unos 710 kilómetros cuadrados al día! (Canan 1998, 2:298-301).

La Paz de Judaybiya y el concepto de paz en el Corán

Para entender el concepto de conquista en el Corán, es suficiente con señalar que el Corán usa el término «conquista» cuando se refiere al tratado de Judaybiya del sexto año de la Hégira (627 d.C.). El Profeta salió con 1.500 personas para visitar la Kaba y efectuar los ritos de la peregrinación. Pero unidades militares de La Meca se encontraron con ellos en un lugar cercano a La Meca llamado Judaybiya y les dijeron que no iban a permitir que los musulmanes visitasen la Kaba. Las disputas y las negociaciones se llevaron a cabo pacíficamente, ya que el Profeta siempre estaba del lado de la paz.

El creía que era necesario un ambiente de diálogo y paz para que el Islam pudiese ser comprendido. Según él, si el Islam —que es la fe genuina diseñada para estar en armonía con la naturaleza humana y el sentido común— pudiese ser entendido en su verdadera naturaleza, seguramente nadie con algo de sentido común podría rechazarlo, oponerse al él o ser su enemigo. Por esa razón, se debía firmar un tratado y preparar una plataforma. En otras palabras, se debía crear un ambiente de tranquilidad a través del cual la gente pudiese establecer relaciones de amistad y comerciales con los musulmanes, a fin de experimentar el modo de vida de los musulmanes y conocer el Islam de cerca.

Los habitantes de La Meca, por otro lado, estaban causando miles de problemas para impedir la instauración de la paz. Trataron de poner términos imposibles de aceptar en el contrato. Sin embargo, el Profeta aceptó algunas cláusulas, a pesar de ser molestas para los musulmanes, a fin de que reinase la paz. Por ejemplo, los musulmanes no estaban autorizados a entrar en La Meca ese año y sólo podrían visitar la Kaba cumpliendo ciertas condiciones al año siguiente. Los que se habían convertido al Islam y buscasen refugio en Medina deberían regresar a La Meca; y los que quisiesen dejar la comunidad de Medina para regresar a La Meca deberían de poder hacerlo libremente. Y estas eran sólo dos de las numerosas condiciones que resultaban difíciles de cumplir. El Profeta aceptó el tratado a pesar de todo, ya que no deseaba la guerra. Apostaba por la paz y nunca dudó ni un segundo de la verdad del Islam. El Corán se refiere a este tratado como *conquista manifiesta* (48:1).

Conclusión y recordatorio

Es lamentable que en algunos círculos anti-islámicos en los que se cree que una atmósfera de paz puede beneficiar al Islam no se quiera que los musulmanes vivan en paz con el mundo no-musulmán; por lo que se esfuerzan en hacer que los musulmanes vivan en perpetuo conflicto con los no-musulmanes y mantienen una atmósfera de conflicto y guerra. Por otra parte, estos son los círculos que hacen resaltar los nombres de líderes musulmanes que proporcionan una imagen diametralmente opuestas al Islam —debido a las ideas falsas que dichos líderes tienen del Islam— o los nombres de gobernantes de países musulmanes cuyo Islam siempre ha estado en entredicho. Por lo tanto, la población global, como un todo, ha de tener extremo cuidado al considerar este tema. Son nombres de personas que han sido deliberadamente descritas como típicos musulmanes; pero se trata de una parte fundamental de la manipulación y la distorsión intencionada del Islam.

Referencias

- Belazuri. *Futuh al-Buldan*, Beirut: 1987
- Canan, Ibrahim. *Peygamberimizin Tebliğ Metodları* [Los métodos del Profeta para comunicar el Islam], Estambul: 1988.
- An-Nabhani, Yusuf. *Al-Futh al-Kabir*.
- Hamidullah, Muhammad. *İslam Peygamberi*, Ankara: Yeni Şafak, 2003, Vol. 1, p. 622. Traducido por Salih Tuğ. Publicado originalmente como *Muhammad Rasulullah*, Paris: Centre Culturel Islamique.
- Ibn Abdulbarr, *el-Istiab*.
- Ibn Azir, *Al-Kamil Fittarij*.
- Özdemir, Mehmet. *Endülüs Müslümanları* [Los Musulmanes de Al-Andalus], Ankara: 1994.
- Toynbee, Arnold. *Tarihçi Açısından Din*, Estambul: Kayıhan, 1978. Publicado originalmente como *Enfoque de la Religión por un Historiador*, London: Oxford, 1956.
- Turhan, Osman. *Türk Cihan Hakimiyet Tarihi* [Historia de la Dominación Turca del Mundo], Estambul: 1969.
- Waqidi, *Maghazi*, Oxford: 1966

ACCIONES TERRORISTAS Y ATAQUES SUICIDAS A LA LUZ DEL CORÁN Y LA SUNNA

Hamza Aktan

E s una triste realidad el hecho de que los países musulmanes están pasando por un período en los que actos terroristas amenazan su seguridad interior y exterior. Muchas condiciones negativas como el retraso económico, la desintegración social y la degeneración cultural han abonado el terreno para la formación de organizaciones terroristas en el mundo islámico, y especialmente en los países del Medio Oriente. Es conocido que algunas organizaciones terroristas son apoyadas por varios departamentos de las administraciones de los países donde operan. Eso ocurre para que dichos grupos puedan ser usados contra otras organizaciones terroristas que actúan en dicho país. Es también conocido que, con el tiempo, dichas organizaciones, que se hicieron fuertes con el apoyo del estado, se han descontrolado. Por otra parte, algunas organizaciones terroristas son apoyadas por los intereses económicos y políticos de poderes extranjeros, que las dirigen hacia metas particulares. En este sentido, la existencia y formación de dichas organizaciones derivan de varias «teorías de la conspiración». Sin embargo, existen aún muchas cosas que no están claras al respecto.

El retraso del mundo islámico en ciencia y tecnología durante los últimos siglos, y el consiguiente retraso de la economía, ha dado lugar a muchas consecuencias negativas y debilidades, sobre todo a una crisis cultural. En este mundo, en el que los países se han dividido en bloques, el fracaso de los países islámicos en formar un frente unido les ha llevado a convertirse en meras entidades geográficas totalmente abiertas a la intervención extranjera y a la explotación. Como resultado de la crisis cultural que se está padeciendo en esa parte del mundo, una proporción de la población contempla a sus intelectuales y administradores como alienados y están resentidos contra ellos. Albergan sentimientos crecientes de rebelión contra países que consideran imperialistas y contra individuos y grupos que comparten intereses o relaciones con dichos países. Por lo tanto, el hecho de que surja el terrorismo en semejante escenario no debe de ser una sorpresa. En otras palabras, aunque los habitantes de dicho lugar del mundo no fuesen musulmanes, bajo las mismas circunstancias se habrían dado las mismas reacciones. También en dicho caso habrían surgido organizaciones terroristas. Es un hecho que en los países que no han podido completar el proceso de desarrollo, se puede apreciar una balcanización ideológica; o sea: conflictos internos y reacciones contra países imperialistas. Y esto refleja lo que sucede en los países musulmanes. Algunas personas y círculos relacionan la enseñanza del Islam y la formación de grupos terroristas en países musulmanes, y llaman a los actos terroristas «terrorismo islámico». Otros definen los actos terroristas basándolos en la identidad islámica del que los ejecuta y lo llaman «terrorismo islamista».

Es mejor dejar otros aspectos del terrorismo a los especialistas y discutir las eventualidades del terrorismo en su relación con el Islam y los musulmanes. Esta claro que el uso como lema de algunos valores islámicos por organizaciones terroristas e individuos que cometen actos terroristas —principalmente la yihad— ha dado lugar a que la gente conjeture la existencia de una relación entre el terrorismo y el Islam. Es natural el hecho de que los terroristas deseen usar todos los medios posibles, incluidos los valores islámicos para legitimar sus acciones ante ellos mismos y para ganarse la simpatía de la gente. Las organizaciones terroristas deben usar valores religiosos a fin de persuadir a sus miembros para que cometan actos de terror. No ven incorrección alguna en usar cualquier valor que sea. Pero no nos quedemos en esto. Nuestra cuestión en esta disertación es comprobar si es científicamente posible, tal y como se pretende, relacionar actos terroristas con el Corán y la Sunna (el ejemplo del Profeta tal y como consta en las Tradiciones), las dos fuentes esenciales del Islam. Además, vamos a investigar analíticamente si es justo llamar a un terrorista «islamista».

Ser un terrorista significa estar lo más lejos que se pueda de comprender los principios básicos del Islam.

El concepto de yihad

Al llamar algunos grupos yihad a sus actos terroristas, nos vemos obligados a examinar y clarificar dicho concepto. Yihad es el nombre del esfuerzo, aplicación y resistencia que todo musulmán demuestra a fin de hacerse meritorio de la aprobación de Dios. En dicho sentido, yihad es una forma de adoración que continuará sin fin hasta el fin de los tiempos. El esfuerzo que la persona hace para someter sus deseos carnales, el esfuerzo en difundir la creencia del Islam —que puede ser realizado por los que tienen conocimiento a través de sus profesiones, los que tienen salud a través de sus servicios y los ricos con su riqueza— y el esfuerzo y la perseverancia en proteger el honor y la integridad de los musulmanes, están comprendidos en la palabra yihad. Yihad puede manifestarse a veces como lucha armada cuando los musulmanes son atacados, o cuando tienen información clara de que van a serlo, por lo que entonces están obligados a combatir contra el enemigo a fin de evitar la amenaza y proteger su integridad y honor.

El número de batallas y de contiendas militares que el Profeta dirigió u ordenó bajo la dirección de uno de sus compañeros ascienden a más de sesenta. En ninguna de dichas batallas fue el Mensajero de Dios el que atacó. El Profeta nunca atacó una tribu únicamente por el hecho de que hubiesen negado la unicidad de Dios. Todas las contiendas que llevó a cabo estaban encaminadas a finalizar un ataque que ya había comenzado o a detener dichos ataques cuando aún estaban en sus fases preparatorias. Los versículos que animan a los musulmanes a la yihad fueron revelados en relación a una guerra inevitable que ya había comenzado. Por lo tanto, según el Corán y la Sunna, el elemento esencial en las relaciones internacionales es la paz, siendo la guerra una situación excepcional.

Las guerras hechas para proteger la existencia y el honor de los musulmanes son sólo pequeños eslabones en la cadena que realiza el proceso de la yihad, cadena que se extiende hasta la eternidad. En este sentido, la yihad que se manifiesta como una guerra en circunstancias de auto-defensa es una herramienta legítima. A los musulmanes les está permitido reaccionar ante la invasión de su país, o ante la explotación y la opresión, debiendo de luchar contra ellas. Es más, se trata de su derecho más natural y de su responsabilidad más primordial. Pero hay un asunto muy importante que deber ser tomado en consideración: al igual que en cualquier otro sistema legal, el principio básico en la ley musulmana es que tanto el fin como los medios para conseguirlo han de ser legítimos. Por ello el Corán no sólo anima a los musulmanes a que resistan y luchen, sino que les dice cómo llevar a cabo la guerra.

¿Se puede acaso llamar yihad al asesinato de civiles, mujeres, niños y ancianos; disparar a autobuses escolares con ametralladoras, quemar casas, tiendas y automóviles; secuestrar y matar a gente que no tiene relación alguna con un determinado conflicto? ¿Y qué pasa cuando las propiedades han sido dañadas y esta gente asesinada es musulmana? Si las organizaciones que llevan a cabo estos actos no reciben órdenes de una autoridad central, si no tienen que rendir cuentas a autoridad alguna por lo cometido y si actúan tan sólo siguiendo sus deseos personales, ¿cómo pueden, pues, sus actos ser considerados como yihad? ¿Es suficiente el hecho de que los que detonan explosivos ocultos en sus ropas o en sus automóviles se llamen a sí mismos muyahidines (los que llevan a cabo la yihad)? ¿Es meramente suficiente llamar a los actos que cometen yihad para que esa gente sea considerada muyahidines y para que sus actos sean considerados yihad? Los lectores podrán decidir por sí mismos si dichos actos pueden ser llamados yihad y si los que los cometen pueden ser llamados muyahidines basándose en los ejemplos que figuran a continuación. Intentemos clarificar este asunto proporcionando ejemplos de algunos hechos del Profeta, hechos que constituyen la base de las Reglas Islámicas del Combate.

Reglas respecto a la dimensión bélica de la Yihad

Las reglas respecto a la dimensión bélica de la yihad en el Islam pueden resumirse bajo los siguientes encabezamientos, los cuales se hallan fundamentados en la Sunna del Profeta y tomados del Corán:

1. Tratar al enemigo con misericordia

Nunca fue el propósito del Profeta destruir al enemigo, ni física ni psicológicamente, bajo ninguna circunstancia, incluso en tiempos de guerra. Hemos aprendido del Profeta que debemos mostrar misericordia a la gente cuando se hallan en un estado que nos inspire misericordia y compasión, incluso aunque sean nuestros propios enemigos. En el año 8 de la Hégira (629), en el mes de Shawwal del calendario lunar, el Profeta mandó a Jalid ibn Walid a luchar contra la tribu de Bani Yazima con un destacamento de 300 hombres. Le dijo a Jalid ibn Walid que no atacase a no ser que le atacasen primero. Cuando los Bani Yazima vieron el contingente de Jalid ibn Walid, se alzaron en armas. Durante la batalla, las tropas musulmanas mataron a un joven de una buena familia ante la mujer que amaba. La mujer se desmayó sobre el hombre y sollozó dos veces. Su corazón dejó de latir debido a la profunda pena que sintió y murió sosteniendo el cadáver del hombre. El incidente fue luego narrado al Profeta. El Profeta entristeció y dijo: «¿No había nadie con misericordia entre vosotros?». Cuando se le informó que Jalid había matado a algunos de los prisioneros, elevó sus manos al cielo y suplicó: «¡Dios mío! Juro ante Ti que no tengo nada que ver con lo que Jalid ha hecho. ¡No le he ordenado que haga eso!». (Ibn Kazir 1976, 3:591).

Tras la conquista del Castillo de Jaybar, Safiyya binti Huyay y su prima fueron escoltadas hasta el Profeta por Bilal, pasando ante los cadáveres de los judíos muertos que estaban en el camino. Cuando la prima de Safiyya vio los cuerpos de sus familiares muertos, empezó a gemir y a golpearse su cara con las manos. El Profeta le reprochó a Bilal diciéndole: «¡Bilal! ¿Acaso el sentimiento de misericordia ha abandonado tu corazón hasta tal punto que has llevado a estas mujeres a donde estaban los cuerpos?». Bilal dijo: «¡Profeta de Dios! No sabía que no lo ibas a aprobar». Como es sabido, el Profeta invitó a Safiyya binti Huyay a que se convirtiese al Islam; y cuando ésta aceptó, se casó con ella. De esa manera, Safiyya obtuvo el honor de convertirse en la madre de los creyentes[12].

2. La prohibición de la tortura

El Profeta no permitió que el enemigo fuese torturado de modo alguno. Suhayl ibn 'Amr era uno de los paganos prominentes de La Meca y fue uno de los que insultaron y avasalló al Profeta antes de su emigración a Medina. Suhayl fue hecho prisionero en la batalla de

---

12 Ibn Hisham 1971, 3:350-351; Waqidi 1966, 2:673.

Badr. En una ocasión, intentó escapar, pero fue capturado y devuelto. Suhayl era un buen orador y era capaz de influir a la gente con sus palabras. Omar le dijo al Profeta: «Mensajero de Dios, Déjame que le arranque sus dos incisivos para que no pueda volver a hablar contra ti». A lo cual el Profeta replicó: «No, no voy a hacer que le torturen. Si lo hago, Dios me castigará. Es más, siempre debemos esperar que algún día actúe de algún modo que no te repugne»[13]. De hecho, tras la muerte del Profeta, cuando se dieron casos de apostasía en La Meca, Suhayl ibn Amr llamó a los habitantes de la misma diciendo: «¡Mecanos! Fuisteis los últimos en aceptar la religión de Dios. ¡No seáis ahora los primeros en dejarla!». Eso evitó que mucha gente de La Meca abandonase el Islam[14].

Nabbash ibn Qays, un judío de la tribu de los Bani Qurayza que fue sentenciado a muerte por su traición en la batalla del Foso, fue traído a presencia del Profeta. Su nariz había sido rota. El Profeta le reprochó a la persona que le trajo: «¿Por qué le has hecho esto? ¿Acaso no es suficiente el hecho de que vaya a ser ejecutado?». El hombre presentó la siguiente excusa: «Nos peleamos al empujarme para poder escaparse»[15].

Ocho personas vinieron a Medina, diciendo que querían hacerse musulmanes. Estaban enfermos y necesitaban ayuda. El aire de Medina hizo que sus estados empeorasen. El Profeta les mandó a los pastizales donde pastaban los camellos del *zakat*[16]. Estuvieron ahí durante unos tres meses hasta que recobraron su salud. Luego, le cortaron las manos y los pies al pastor que cuidaba de los camellos, le metieron espinas en los ojos y en la lengua y le torturaron hasta la muerte; luego se llevaron los camellos. Cuando la noticia llegó a Medina, se envió inmediatamente 20 jinetes tras ellos bajo el mando de Kurz ibn Yabir. Los jinetes prendieron a todos los criminales y los trajeron de vuelta a Medina. Se les declaro culpables de robo, asesinato,

---

13   Ibn Hisham 1971, 2:304; Tabari 1967, 2:465, 561.
14   Ibid.
15   Köksal 1981, 1:353.
16   *Zakat* es uno de los cinco pilares del Islam. Cada creyente está obligado a dar una porción de su propiedad como limosna. El Zakat de los camellos es obligatorio a partir de la posesión de al menos cinco camellos, y constituye una cabra o una oveja, siempre y cuando pasten libremente a lo largo del año.

traición y apostasía. Fueron castigados por orden del Profeta[17], el cual prohibió la tortura tras este acontecimiento cualquiera que fuese su causa[18].

3. Respeto a los cadáveres del enemigo

Los paganos de la época del Profeta tenían por costumbre de mutilar los cuerpos de aquellos a los que mataban en la batalla, destripándolos como venganza. Este tipo de acto era llamado musla. Cuando el Profeta vio el cuerpo de su tío Hamza destripado y mancillado durante la batalla de Uhud, se entristeció profundamente. Y dijo: «Si Dios me da la victoria, haré lo mismo a treinta paganos a cambio de lo que le han hecho a Hamza». Ante lo cual le fue revelado el siguiente versículo:

> Y si castigáis, hacedlo en la misma medida en que fuisteis dañados; pero si tenéis paciencia, esto es mejor para los que la tienen (An-Nahl 16:126).

El Profeta renunció a su juramento y pagó la expiación apropiada establecida por la ley musulmana[19]. El Profeta le dijo a Abu Qatada, que se había enfurecido por la musla llevada a cabo sobre Hamza y que estaba a punto de hacer lo mismo a los cuerpos de los paganos: «¡Siéntate! ¡Aspira a la recompensa que obtendrás de Dios! Los cadáveres de los paganos coraichies han sido puestos bajo nuestro cuidado… ¿Quieres que tu nombre sea recordado por lo que hiciste y por lo que hicieron?»[20]

Cuando el ejército mecano se acercó a Medina para enfrentarse a los musulmanes en Uhud, llegaron a la aldea de Abwa, donde estaba la tumba de la madre del Profeta, Amina. Algunos sugirieron que deberían cavar la tumba y llevarse sus huesos. «Si Muhammad, se apodera de nuestra mujeres, podremos usar esos huesos para rescatarlas con ellos y devolvérselos si nos devuelve nuestras mujeres. Si eso ocurre, pagará un gran precio por recuperar dichos huesos». Pero los que tenían sentido común dijeron: «No, eso no está bien. Si hacemos

17   Bujari, *Huzu*, 17-18; Muslim, *Qusama*, 9-11.
18   Waqidi, 2:570; Koksal 1981, 13:127.
19   Ibn Hisham, 3:101; Hayzami, 6:120.
20   Waqidi, 1:290.

eso, la gente de Huzaa y de Bani Bakr cavarán también para sacar los huesos de nuestros muertos». Por lo que tuvieron un atisbo de sabiduría para no dar origen a una malvada tradición[21].

4. No atacar a civiles y a inocentes

El hecho de que el Profeta advirtiese a sus amigos y seguidores numerosas veces sobre preservar las vidas de aquellos que no tuviesen nada que ver con la guerra es citado varias veces en la literatura tanto de los *tabaqat*[22] como de los *maghazi*[23].

Tras la conquista de La Meca y el sometimiento de los Coraich al Islam, los Hawazin y los Beni Hanifa, que se consideraban las mejores tribus después de los Quraysh, le declararon la guerra a los musulmanes apoyados por la tribu de Zaqif. Al final de la batalla, que tuvo lugar en Hunayn, el Profeta vio el cuerpo de una mujer muerta entre los cadáveres de los paganos. «¿Qué es esto que veo?», preguntó. Los presentes respondieron: «Se trata de una mujer asesinada por el contingente de Jalid ibn Salid». El Profeta le dijo a uno de ellos: «¡Corre, ve a Jalid y dile que el Mensajero de Dios prohíbe que se mate a los niños, a las mujeres y a los esclavos!». Uno de los presentes dijo: «Querido Mensajero de Dios. ¿No se trata de los hijos de los paganos?». El Profeta respondió: «¿Acaso los mejores de entre vosotros no fueron también hijos de paganos? Todos los niños nacen con su propia naturaleza y son inocentes»[24].

Cercana la muerte del Profeta, cuando estaba gravemente enfermo, llegaron noticias de que los árabes del Norte junto con los Bizantinos estaban preparando un ataque contra Medina. El Profeta ordenó inmediatamente que se preparase un ejército, nombrando a Usama ibn Zayd general del mismo, dándole a Usama las siguientes instrucciones: «Lucha en el camino de Dios, lucha por Dios. Lucha contra los agresores que niegan a Dios. No seas cruel con la gente; no traiciones tus pactos;

---

21   Ibid, 1:206.
22   *Tabaqat:* Nombre general de los libros que versan sobre eruditos de una época determinada, los miembros de una escuela de pensamiento o grupos sufíes, que abarca unos 10 o 20 años. Los *Tabaqat* se estudian generalmente en el campo del hadiz. El primer libro de Tabaqat fue el de Ibn Sa'd *Al-Tabaqat al-Kubra*, que versa sobre las vidas de los Compañeros y sus seguidores (tabi'un).
23   *Maghazi:* libros sobre las campañas militares del Profeta.
24   Abu Dawud, *Yihad*, 111.

no tales árboles frutales; no degüelles al ganado; no mates a los religiosos recluidos en monasterios que se dedican a la adoración, a los niños o a las mujeres; no desees el encuentro con el enemigo. Puedes no darte cuenta de ello, pero tal vez ello sea una prueba para ti»[25].

El Profeta decidió mandar un contingente de cincuenta hombres a la tribu de Ghatafan, que se habían aliado contra los musulmanes en la Batalla de Muta. Nombró a Abu Qatada como comandante de la unidad. Le ordenó lo siguiente: «¡No mates a las mujeres y a los niños!». Asimismo, el Profeta decidió enviar una fuerza de setecientos hombres contra los habitantes de Dumat al-Yandal, de los que se había informado que se preparaban para efectuar un ataque. Le dio la siguiente orden a Abdurrahman ibn Awf, que había sido nombrado comandante de la unidad: «No saquees los bienes que hayas capturado, no traiciones tu pacto y no amputes los órganos de los cadáveres. No mates a los niños. Este es el pacto que has hecho con Dios y es la vía de Su Profeta»[26].

Uno de los más sorprendentes ejemplos de esto fue el comportamiento de Hubayb ibn Adiyy. Abu Bara, el jefe de la tribu de Amir, vino a Medina el año 4 de la Hégira (625). Solicitó poderse llevar alguna gente que pudiese enseñar el Islam a la gente de Nayid, aludiendo que él sería el garante de sus vidas. En base a sus palabras, el Profeta envió a 40 hombres (según otras narraciones se trató de 70) bajo el mando de Munzir ibn 'Amr[27]. Pero Amir ibn Tufayl, el sobrino de Abu Bara, no honró la palabra de su tío.

Amir ibn Tufayl pidió ayuda a algunas facciones de la tribu de los Bani Sulaym. Luego, sitió al grupo de maestros en Bi'r al-Mauna y martirizó a casi todos ellos[28]. Hubayb ibn Adiyy y Zayd ibn Dassina fueron llevados a La Meca como prisioneros y fueron vendidos a los paganos de la tribu de Quraysh que estaban locos por vengar sus muertos. Hubayb ibn Adiyy estaba encadenado con grilletes en los pies, mientras esperaba ser ejecutado. Le pidió una navaja a una esclava

---

25 Waqidi, 3:117-118.
26 Ibn Hisham, 4:280-281.
27 Köksal 1981, 35.
28 Ibid. 41.

llamada Mawiya para afeitarse y asearse. Mawiya le dio la navaja a su hijastro de tres años y le dijo: «Vete y dale esto al prisionero». Mawiya narra lo sucedido: «El niño le llevó la navaja al prisionero. Entonces, me dije a mí misma: "¡Dios mío! ¿Qué he hecho?", y corrí tras el niño. Cuando me aproximaba a ellos, vi al niño sentado en el regazo de Hubayb hablando con él, y grité. Hubayb me miró y dijo: "¿Temes que mate a este niño? Dios me libre de cometer dicho acto. Matar sin razón no es nuestro modo de comportarse y no le corresponde a nuestro nombre. Vosotros no sois los que queréis matarme"». Se llevaron a Hubayb ibn Adiyy y Zayd ibn Dassina a Tania, a unos 10 kilómetros de La Meca y les mataron a lanzazos[29].

Todos los ejemplos arriba mencionados no son más que la aplicación del principio básico de la yihad. Principio establecido de modo inmutable en el Corán: lucha sólo contra los que luchan y no ataques objetivos civiles ni a inocentes que no participan en la guerra:

> Y combatid en el camino de Dios a quienes os combatan a vosotros, pero no os propaséis. Es cierto que Dios no ama a los que se exceden (2:190).

> ¡Vosotros que creéis! Sed firmes a favor de Dios, dando testimonio con equidad. Y que el odio que podáis sentir por unos no os lleve al extremo de ser injustos. ¡Sed justos! Eso se acerca más a la temerosidad. Y temed a Dios, pues es cierto que Él conoce perfectamente lo que hacéis (5:8).

Tratar al enemigo sin misericordia, cometer musla, torturar, matar a mujeres y niños significa traspasar las barreras, los límites legítimos establecidos. Por eso ha sido prohibido por Dios en los versículos arriba citados.

5. No atacar a musulmanes

Habiendo establecido que está prohibido matar a no-musulmanes inocentes, incluso en tiempos de guerra, es inconcebible pensar que estaría permitido matar musulmanes inocentes en cualquier circunstancia. El hecho de si los musulmanes pueden disparar o no contra un enemigo

---

29   Bujari, *Maghazi*, 28; Ibn Hayar 1328; 1:418.

que se escuda tras cautivos musulmanes es cuestión de debate entre los eruditos en derecho musulmán –si el no disparar significa la derrota, se debería tomar la máxima precaución para no dar a los cautivos musulmanes.

Durante la vida del Mensajero de Dios, nunca se dio un caso de musulmanes matando a otros musulmanes en situación de guerra. Sólo ocurrió un incidente que no fue más que el resultado de un error y un malentendido. Durante el incidente de Bi'r al-Mauna arriba mencionado, Amr ibn Umayya, uno de los maestros que fueron hechos prisioneros, fue liberado como parte del cumplimiento de un juramento. Durante su regreso a Medina, mató a dos personas de la tribu de Beni 'Amr, creyendo que eran enemigos. De hecho se habían convertido al Islam recientemente y sus vidas habían sido garantizadas por el Profeta. El Profeta se entristeció enormemente debido a dicho incidente. Y pagó el «precio de la sangre» de las dos víctimas[30].

Tras la conquista de La Meca, Hariz ibn Dhirar, miembro de la tribu de los Bani Mustaliq, fue a Medina y se hizo musulmán. Jugó también un importante papel haciendo que el resto de su tribu abrazase el Islam. El Profeta nombró a Walid ibn Uqba recolector de impuestos de la tribu de los Bani Mustaliq. Los Bani Mustaliq, cuando vieron a Walid, salieron a recibirle como funcionario del Mensajero de Dios. Walid se aterrorizó cuando les vio dirigirse hacia él y regresó a Medina, diciéndole al Profeta: «¡Profeta de Dios! Los Bani Mustaliq no me han dejado que recolecte los impuestos, pues me querían matar. Se han reunido para luchar contra ti». El Profeta envió a Jalid ibn Walid a investigar la situación; y se comprobó que los acontecimientos no fueron tal y como Walid ibn Uqba los había entendido[31]. Respecto a este incidente, se reveló el siguiente versículo:

¡Vosotros que creéis! Si alguien que no es digno de confianza os llega con una noticia, aseguraos antes. No vaya a ser que por ignorancia, causéis daño a alguien y tengáis luego que arrepentiros de lo que hicisteis (49:6).

---

30   Ibn Sa'd, 2:53; Waqidi, 1:351-352.
31   Ahmad ibn Hanbal 1985, 4:279; Zurkani 1973, 3:47.

El justísimo Dios nunca aprobó que los musulmanes se matasen entre ellos en el campo de batalla, ni siquiera por error. En el sexto año de la Hégira (627), el Profeta llegó a Judaybiya, lugar cercano a La Meca, con sus seguidores mientras se dirigía con ellos a realizar la umra (peregrinaje menor). Los paganos de La Meca no le permitieron que entrase en la ciudad. A raíz de lo cual, el Profeta selló un tratado que garantizaba una paz de diez años. En el tratado, había cláusulas adversas para los musulmanes; pero el Profeta prefirió sellarlo con su propio sello en lugar de ir a la guerra. Con ello previno las hostilidades inminentes. Una de las verdades ocultas del Tratado de Paz de Judaybiya se explica en el Corán como sigue:

> Y de no haber sido porque había hombres y mujeres creyentes que no conocíais, habríais atacado; y entonces, sin saberlo, habríais incurrido en delito a causa de ellos. Para que Dios incluyera en Su misericordia a quien quiso. Pero si hubieran estado aparte de ellos, habríamos castigado a los que de ellos se negaron a creer con un doloroso castigo (48:25).

Gracias al tratado de Judaybiya, se previno el asesinato involuntario de musulmanes y una lucha armada que habría resultado en un gran derramamiento de sangre. Dios no aprueba la idea de que soldados musulmanes maten a los musulmanes que no pudieron abandonar La Meca. Pero hoy, los musulmanes son asesinados a sabiendas como resultados de actos que algunos llaman yihad. ¿Cómo puede alguien llegar a creer que Dios puede llegar a aprobar dichos actos?

6. Actuar dentro de la cadena de orden y mando

Otro principio importante que tiene que ver con la dimensión bélica del yihad es actuar según un plan centralizado y aceptado por todos los musulmanes. Si individuos o grupos actúan sin recibir órdenes de una autoridad central, si actúan por cuenta propia, el hecho de no tener que rendir cuentas ante nadie por sus acciones resultará en un caos. Incluso aunque la autoridad central se pierda, ello no justifica que se actúe de manera dispar o irresponsable. El caos no puede permitirse en nombre del yihad. En dichas situaciones, es muy probable que cualquier movimiento degenere y se desvíe de su meta original, causando más daño que beneficio.

En la Época de la Felicidad, ningún acto de yihad en el sentido de lucha armada, tuvo lugar sin la orden o el permiso del Profeta. Tan sólo tuvieron lugar unos pocos incidentes de dicho tipo en los que hubo conflicto debido a un malentendido. Estos incidentes apenaron al Profeta, y los que los perpetraron fueron advertidos. El Profeta censuró a 'Abdulllah ibn Yahsh por hacer lo que no se le ordenó que hiciera; Jalid ibn Walid fue advertido por matar a mujeres y niños; 'Amr ibn Umayya pagó el precio de la sangre de los musulmanes a los que mató.

Incluso el incidente en que estuvo implicado Abu Basir no es una excepción a esta regla. Abu Basir era de la tribu de los Bani Zakif. Tras hacerse musulmán, fue hecho prisionero por los paganos de La Meca. Tuvo una oportunidad de escapar tras el tratado de Judaybiya y fue a Medina buscando refugio en la comunidad musulmana. Según el tratado de Judaybiya, los musulmanes de Medina no podrían proporcionar refugio a los habitantes de La Meca que se hiciesen musulmanes y huyesen a Medina. Dos personas vinieron de La Meca a recoger a Abu Basir.

El Profeta obedeció las cláusulas del tratado y entregó a Abu Basir a los mecanos. Entristecido por dicha situación, Abu Basir fue consolado por el Profeta con las siguientes palabras: «¡Abu Basir! Vete ahora. Dios te consolará y te dará una vía de salida para ti y para los que estén en tu situación» (Ibn Hisham 1971, 3:337). Abu Basir mató a una de las dos personas que le llevaban a La Meca, mientras que el otro escapó. Abu Basir regresó a Medina y le dijo al Profeta: «¡Profeta de Dios! Has mantenido tu promesa. Y Dios me ha rescatado de entre sus manos». El Profeta respondió: «¡Eres increíblemente valiente! Si hubiese contigo algunos hombres más, tal vez nadie podría detenerte. Vete ahora, allá donde quieras» (Waqidi 1966, 2:626-627). Abu Basir tomo consigo algunos hombres y se acuarteló en la ciudad costera de Is, situada en la ruta recorrida por las caravanas que van de La Meca a Damasco. La gente que se había convertido al Islam y que no podía buscar refugio en Medina se reunió alrededor de Abu Basir. No dejaban pasar a ninguna caravana de La Meca. Fueron los propios mecanos los que al final fueron a Medina a pedirle al Profeta que aceptase a Abu Basir y a sus amigos en la comunidad islámica de Medina. Fue entonces cuando el Profeta le dijo Abu Basir y a sus amigos que viniesen a Medina. Abu Basir tuvo que protegerse a sí mismo y tuvo éxito. No tenía intención alguna de actuar independientemente. Cuando la orden escrita del Profeta convocándole a Medina llegó, se hallaba en su lecho de muerte. Tras enterrarle, de acuerdo con la orden escrita del Profeta, setenta de sus compañeros regresaron a Medina, mientras que el resto regresaron a sus casas (Ibn Abdulbarr, 4:20; Diyarbakri, 2:25).

7. Ayuda humanitaria al enemigo

Yihad no siempre significa que hay que hacerle daño al enemigo. Ayudar al enemigo cuando éste se encuentra en una situación de desesperación también está incluido en el ámbito del yihad. Dicho comportamiento también puede reducir la animadversión y hacer que se desmorone la determinación del enemigo.

En los años de sequía y hambruna en La Meca, después de que los musulmanes se marchasen a Medina, el Profeta envió oro a La Meca para que pudiesen comprar trigo, dátiles y forraje. Estas contribuciones les ayudaron a compensar la escasez de dinero que sufrían en La Meca. A pesar de que los principales paganos de Quraysh, como Umayya ibn Halaf y Safwan ibn Umayya, se negaron a aceptar su ayuda, Abu Sufian hizo pública su gratitud de la siguiente manera: «que Dios recompense al hijo de mi hermano con favores, ya que ha tenido en cuenta las obligaciones del parentesco» (Köksal 1981, 14:304).

Otro ejemplo de ayuda al enemigo fue el incidente de Sumama ibn Usal de la tribu de Yamama. Tras hacerse musulmán, Sumama visitó La Meca. Los paganos se dieron cuenta por las oraciones que hacía y los versículos que recitaba que se trataba de un musulmán. Le capturaron e intentaron matarle. Sin embargo, algunas de las personalidades importantes de entre los paganos ordenaron que fuese liberado, ya que de lo contrario el abastecimiento de Yamama quedaría cortado. Cuando Sumama regresó a su tierra, hizo que se detuviese el abastecimiento de víveres a La Meca. Los mecanos se encontraron en una situación muy difícil. Por lo que mandaron delegaciones al Profeta pidiéndole que ordenase a Sumama mantener el abastecimiento de víveres a La Meca. Mediante una orden escrita, el Profeta ordenó a Sumama que detuviese el bloqueo. Por lo que éste dejó que su gente siguiese mandando víveres a La Meca[32].

8. La guerra como último recurso

Usar la fuerza en el contexto del yihad no es siempre lo más correcto. El hecho de que un conflicto armado no fuese permitido hasta la batalla de Badr da fe de ello. En el segundo juramento de 'Aqaba[33], que tuvo lugar tres meses antes de que el Profeta emigrara a Medina, Abbas ibn Ubada dijo: «¡Mensajero de Dios! Juro por Dios que te ha mandado con la fe verdadera y el Libro, que si me lo pides, pasaremos a cuchillo a la gente de Mina» A pesar de lo que el Profeta había sufrido debido a la gente de La Meca que había acudido a Aqaba para la feria, éste respondió: «Esto no es lo que se nos ha ordenado hacer; ahora regresa a tu casa». Esto debe bastar para dejar claro que la respuesta a la opresión, el insulto y la tortura no tiene por que ser siempre la fuerza bruta.

¿Por qué el Profeta censuró a Abdullah ibn Yahsh, que había sido enviado en una misión de espionaje a las murallas de La Meca durante el decimoséptimo mes de la emigración del Profeta durante la cual atacó a una caravana que pertenecía a los coraichies, matando a alguna gente y tomando a otros como prisioneros? Está claro que fue porque dicho acto fue cometido durante Rayab, uno de los meses sagrados en que está prohibido luchar, y porque las condiciones para entablar una guerra con los Quraysh y sus aliados aún no se habían cumplido por completo.

La rectitud de la política llevada a cabo por el Profeta quedó pronto probada cuando puso su sello en el tratado de Judaybiya, tal y como ha sido explicado con anterioridad (Al-Fath 48:25). La Meca fue conquistada tras dos años de paciencia y sin derramamiento de sangre gracias a esta política basada esencialmente en la paz. La inestimable Sunna del Profeta prueba que es posible alcanzar un propósito a través de medios diferentes al conflicto armado.

---

32 I. Hisham 4:228.
33 'Aqaba es una localidad que se encuentra en la entrada de un valle entre dos sierras que llevan a Mina, cerca de La Meca, donde tenía lugar una feria anual. El Profeta conoció a gente de Medina en 'Aqaba y estos le juraron fidelidad y prometieron protegerle a cualquier precio.

El Profeta abandonó el asedio de Taif, que prometía ser largo, a fin de evitar la muerte de mujeres y niños, victimas de los aleatorios disparos de las catapultas. Lo que quería era evitar el máximo de bajas posible en ambos bandos. Esta fue una sabia política y estrategia que logró alcanzar su objetivo sin entablar batalla alguna. El resultado fue que la gente de Taif —que se dieron cuenta de que su ciudad se había convertido en un reducto de infieles en medio de la península arábiga— se dirigió a Medina antes del fin de ese mismo año manifestando que se habían convertido al Islam.

En resumen, los actos de los que matan a civiles, mujeres, niños y ancianos en las abarrotadas calles de nuestras ciudades, los que queman o hacen estallar automóviles o edificios, los que torturan y matan a personas que han secuestrado o tomado como rehenes, los actos de terroristas suicidas que se autoinmolan matando a inocentes con explosivos adheridos a sus cuerpos o en vehículos —todos estos actos, de los que ninguna autoridad legal es responsable— no pueden ser considerados como yihad y los que los cometen no pueden ser considerados muyahidines. No existe fundamento alguno para estos actos ni en el Corán ni en la Sunna. Lo importante es la estructura y el carácter de algo, no cómo la gente lo llame. No puede ser que a los musulmanes se les haya ocurrido una forma tan corrupta y sangrienta de lucha para que sus voces sean escuchadas. Se trata más bien de métodos adoptados principalmente por grupos terroristas anarquistas no-musulmanes. Estos actos no han ayudado a los musulmanes en nada hasta la fecha. Al contrario, han destruido la buena imagen del Islam— una imagen fundada en la ciencia y el conocimiento, los derechos y la justicia, el amor y la paz. Asimismo, estos actos han llevado a mucha gente a presuponer una conexión entre el Islam, los musulmanes y el terrorismo. Estos actos llamados yihad han hecho más daño al Islam que cualquier otra cosa.

Tal y como ha sido detalladamente analizado con anterioridad, el terrorismo no tiene lugar alguno en los diferentes aspectos del yihad. Las condiciones bajo las cuales los musulmanes han de comportarse, cómo deben de hacerlo y cómo y contra quién han de combatir han sido estrictamente establecidas en el Corán y la Sunna. Ningún musulmán puede ser un verdadero musulmán y a la vez separarse o ir en contra de la vía que Dios y Su Profeta han establecido.

Referencias

- Ahmad ibn Hanbal. *Al-Musnad*, Beirut: 1985.
- Bujari, Abu 'Abdullah Muhammad ibn Ismail. *Al-Yami'al-Sahih*, Estambul: 1981.
- Diyarbakri, Husayn ibn Muhammad ibn al-Hasan. *Tarij al-Hamis fi Ahwal al-Anfas al-Nafs*, Beirut.
- Abu Dawud, Sulayman ibn Ash'as al-Siyistani. *Sunan Abu Dawud*, Beirut: 1971.
- Ibn Abdilbarr, *Al-Istiab fi Marifat al-Ashab*.
- Ibn Jayar, Ahmad ibn Ali. *Al-Isaba fi Tamyiz as-Sahaba*, Beirut: 1328 (1910).
- Ibn Hisham, Abu Muhammad Abdulmalik. *Al-Sirat al-Nabawiyya*, Beirut: 1971.
- Ibn Kazir, Abu'l Fida Ismail. *Al-Serah al-Nabawiyya*, Beirut: 1976.
- Ibn Sad, *at-Tanaktu'l Kubra*, Beirut, 1985.
- Köksal, M. Asım. *İslam Tarihi*, Estambul: 1981.
- Muslim, Ibn Hayyay al-Kushayri. *Sahih al-Muslim*, Estambul, 1981.
- Tabari, *Tafsir*, Egipto: 1954.
- Waqidi, Muhammad ibn 'Omar. *Kitab al-Maghazi*, Oxford University Press, 1966.
- Zurkani, Muhammad. *Sharh al-Mawahib*, Beirut: 1973.

RELIGIÓN, TERRORISMO, GUERRA Y LA NECESIDAD DE UNA ÉTICA GLOBAL

Bekir Karlığa

El terrorismo, que se manifiesta como un medio de rebelión contra el mundo unipolar que emergió tras el colapso de la Unión Soviética y el fin del periodo bipolar, se ha convertido en una catástrofe global desde el advenimiento del 11 de septiembre. El hecho de que el único poder soberano que se ha propuesto luchar contra el terrorismo considere que se trate de un asunto bélico, no sólo ha hecho que la humanidad —y en especial el Oriente Medio— se enfrente a la amenaza de la guerra una vez más, sino que también ha conducido a un abandono y a un rechazo de los valores humanos. Por consiguiente, los principios de «ética universal», que constituyen la meta de las Naciones Unidas, institución fundada tras la desgarradora experiencia de las dos guerras mundiales, han sido violados y ha surgido una inquietud de proporciones globales. Ante estos eventos, los valores éticos y religiosos han vuelto a adquirir una vez más gran importancia.

La religión

La religión puede ser más o menos definida como el conjunto de las reglas y principios establecidos por Dios para guiar a la humanidad hacia la felicidad en este mundo y en el siguiente.

La historia de la religión comienza con la historia de la humanidad. Las primeras explicaciones proporcionadas por la gente respecto a lo que les rodeaba —de lejos o de cerca— estaban basadas en la religión. Esto hizo que la religión jugase un papel primordial en áreas cultivadas por la humanidad a lo largo de la historia, tal y como la ciencia, la cultura, el arte, las leyes y la ética.

La religión posibilita a las personas descubrir los nobles y transcendentes valores que se hallan ocultos en lo más profundo de sus naturalezas y sentir una satisfacción especial.

Las ideas que de algún modo no convergen con la religión son inevitablemente unidimensionales y carecen de la capacidad de explicar la existencia como un todo. Por otro lado, la religión que carece de sabiduría tiene como resultado el aprisionamiento del individuo en moldes angostos y una pérdida del valor de la vida, en lugar de alcanzar la meta deseada, es decir, la apertura de horizontes y la superación de uno mismo.

Sin una creencia, la gente no puede determinar su identidad propia, y tampoco pueden comprender su lugar, papel y estatus en el universo. Es un hecho claro que el género humano es la criatura más valiosa e importante del universo. El elemento que le hace posible al ser humano poseer dicha importancia y valor es su estructura espiritual, no su estructura física. En cuanto a nuestra dimensión física, compartimos muchas características con otras criaturas. Al igual que otros organismos, nuestros cuerpos también están compuestos de células, genes y tejidos. Pero lo que nos hace especiales es nuestra capacidad de pensar, creer, adquirir conocimiento y el hecho de ser conscientes de dichas habilidades; es decir, que los humanos somos seres conscientes. Gracias a esta cualidad, podemos hacer abstracciones y formular conceptos generales, además de poder determinar pensamientos y acciones. Estos valores conforman las creencias y las normas.

La condición espiritual y física (el alma y el cuerpo) del género humano forman una entidad completa. Las creencias falsas y las ideologías rígidas intentan destrozar esta entidad bien haciendo que las personas sean seres abstractos con alma solamente, o bien haciendo que sean seres físicos con sólo un cuerpo. Esto, a su vez, ha llevado a la creación de falsas concepciones sobre la existencia en su totalidad. La meta esencial de las religiones divinas es reunir esta existencia escindida dentro de un marco de «conocimiento y sabiduría». Pero, a veces, incluso las religiones se alejan de su esencia y se convierten en dogmas. Ello ocurre cuando no consiguen cumplir la misión original para la que fueron creadas. Cuando esto sucede, las religiones bien se convierten en una rígida ideología o bien en una colección de rituales vacíos.

Según el famoso erudito musulmán, Imam Shatibi (fallecido en 790), el objetivo fundamental de la religión es beneficiar a la humanidad en esta vida y en la próxima. Por lo tanto, quedan incluidos dentro de los objetivos fundamentales de la religión el preservar la fe, la vida, la riqueza, la descendencia y el intelecto:

> En todas las religiones, las responsabilidades conferidas al ser humano están para proteger estos tres elementos: los Requisitos (*Az-Zaruri*), lo Necesario (*Al-Hayi*) y lo que mejora (*At-Tahsini*).
>
> Los Requisitos (*Az-Zaruri*) entrañan aquellos elementos que tienen que estar presentes a fin de se produzcan beneficios en los aspectos religiosos y seculares de la vida… Si dichos elementos no se dan, las funciones mundanas no pueden llevarse a cabo, se deterioran, reina la anarquía, lo cual puede llevar a veces a que se extinga la vida. Del mismo modo, se pierde la salvación en la próxima vida, al igual que cualquier favor que haya sido concedido, siendo el resultado final la decepción. (Fe, vida, mente, descendencia y riqueza son los requisitos que han de ser protegidos del peligro – Nota del Editor).
>
> La protección de los requisitos se puede conseguir de una de las siguientes maneras. La primera manera es estableciendo sólidos cimientos, reforzando los pilares —esto significa mantenerlos como es debido mediante los elementos ya presentes en la vida—. La otra manera es encargarse de cualquier deficiencia, o sea, mantener los requisitos tomando medidas que eviten que desaparezcan dichos elementos. Por ejemplo, la fe, la declaración de fe, dar limosna, la peregrinación, ayunar y otros modos similares de adoración están encaminados a la protección de la religión como fenómeno. Comer, beber, cocinar y hábitos similares están destinados a la protección de la mente y el alma como fenómenos. El comportamiento público está dirigido hacia la protección de las pertenencias y la descendencia; mientras las costumbres o las pautas de comportamiento están destinadas a proteger la salud mental y espiritual a través del establecimiento de ciertos modos de conducta. Los castigos, que están destinados a alentar las buenas acciones y evitar las malas, proporcionan protección manteniendo fuera de la sociedad y del individuo ciertos elementos negativos. La Shari'a tiene cinco objetivos esenciales, a saber: la conservación de la fe, de la vida, de la propiedad, de la descendencia y de la mente. Se dice que

estos elementos básicos son considerados en todas las religiones como derechos esenciales que han de protegerse.

Lo Necesario (*al-Hayi*) constituye aquello que se necesita para erradicar las dificultades y los problemas que surgen generalmente como resultado del incumplimiento de las necesidades físicas o metafísicas de la gente, tanto en lo social como en lo personal. Cuando dichas necesidades no se cubren, se sufren dificultades y surgen problemas. Sin embargo, las dificultades aquí mencionadas —que surgen cuando dichas necesidades (tanto materiales como abstractas) no se cubren— no causan el mismo daño que las cometidas contra el bien común. Estos elementos, que pueden ubicarse en el círculo de los Requisitos, figuran en el ámbito de la adoración, los hábitos, el comportamiento y el castigo. (La ablución seca para los que no pueden encontrar agua, estar exento de ayunar cuando se está de viaje o rezar sentado cuando no se puede físicamente estar de pie, son considerados como Necesidades – Nota del Editor).

Por otra parte, los elementos destinados a la Mejora (*at-Tahsini*), consisten en adoptar las costumbres apropiadas y buenas y apartarse de las costumbres vergonzosas y las malas, que son evitadas por la gente con sentido común. Estos tipos de comportamiento son calificados y denominados «virtudes morales públicas»; y las condiciones válidas para las dos categorías anteriores (los Requisitos y lo Necesario) lo son también para ésta (Shatibi 2:4).

Por lo tanto, es imposible que exista un concepto de religión si no se cumple con uno de esos tres principios universales de la religión. Pero desafortunadamente, tanto en el pasado cono hoy en día, tanto la religión como los valores considerados sagrados por ésta parecen estar detrás de fenómenos negativos tales como la agresión, el terrorismo y la guerra. De hecho, lo que más daño hace a las religiones —mucho daño— es esta amarga realidad. A fin de remediar esta negativa situación y salvar a las religiones de ser usadas como motivo de enemistad, los lideres de las religiones mundiales deben unirse y caminar hacia la paz interreligiosa, la tolerancia y el diálogo.

Terrorismo

El terrorismo es un crimen contra la humanidad. La «religión» y el «terrorismo» son conceptos que nunca pueden estar juntos, ya que todas las religiones niegan y condenan el terrorismo. El terrorismo no es únicamente un crimen en sí mismo, ya que contiene otros cinco crímenes. El terrorista comete un crimen contra el Creador, contra la humanidad como especie, contra la persona contra la cual es dirigido el ataque terrorista, contra él mismo y contra la comunidad a la que pertenece.

Según el Islam, la humanidad ha sido *honrada* (Al-Isra' 17:70), ha sido creada por Dios *en la mejor forma y naturaleza* (At-Tin 95:4). Ya que *Aquel que da la vida y la muerte es Dios* (Al 'Imran 3:156), está prohibido matar: *No mates a quien Dios ha hecho inviolable, excepto por una causa justa* (Al-An'am 6:151). Nadie puede llevarse la vida que Dios ha dado. Por lo tanto, *quien matara a alguien, sin ser a cambio de otro o por haber corrompido en la tierra, sería como haber matado a la humanidad entera* (Al Ma'ida, 5:32).

Por otra parte, según el versículo *Gastad en el camino de Dios, que vuestras manos no os echen a perder y haced el bien (a los demás). Es verdad que Dios ama a los que hacen el bien* (Al-Baqara 2:195), nadie tiene derecho ni siquiera a ponerse a sí mismo en peligro. Según este versículo nadie tiene derecho a matarse a sí mismo: *Y no os matéis (o destruyáis) a vosotros mismos, pues Dios ha sido siempre compasivo con vosotros* (An-Nisa 4:29). Por consiguiente, sea cual sea el motivo, en el Islam, «la prohibición de hacerse daño a uno mismo y a los demás» es una regla general; y el asesinato de gente inocente es un crimen imperdonable contra la humanidad.

En el Islam, los derechos se dividen en tres categorías: «derechos de Dios», «derechos de la gente» y «derechos mixtos». Los dos primeros juegan un papel importante.

Los derechos de Dios consisten generalmente en creer en Él y en adorarle, además de los derechos referentes al bien y el orden comunes, sin incluir los individuales y comunitarios. El concepto puede ampliarse más a fin de incluir en los derechos de Dios los de todas las criaturas vivientes e inertes.

El derecho a la vida se considera también derecho de Dios, no del individuo. Por esa razón, los derechos de Dios no pueden estar sujetos al perdón ni pueden ser exonerados, como ocurre con otros derechos. Dichos derechos no pueden ser abolidos ni alternados por las personas ni por los gobiernos. Sólo Dios puede perdonar las transgresiones contra Sus derechos.

Los actos terroristas llevados a cabo en los últimos años —a veces como manifestación de rebeldía contra los valores modernos y otras para hacer que las opiniones sean oídas— y los actos suicidas individuales y colectivos están prohibidos por el Islam. Sea cual sea la razón, el individuo no tiene derecho a actuar de ese modo. Algunos de esos incidentes están originados por una falta de comprensión o una mala interpretación de la religión, mientras que otros son producto de la carencia de un conocimiento certero y fidedigno de la religión.

El hecho de que este tipo de actos sean ahora más comunes es algo que debe ser examinado. Sea cual sea el propósito de dichos actos, las razones que llevan a una persona a cometer un acto terrorista han de ser descubiertos y erradicados pues se trata de un deber primordial de la humanidad. Tomárselo a la ligera, hacer caso omiso de ello por nimiedades y apoyar a quienes cometen dichas acciones ha de ser también considerado como un crimen contra toda la humanidad.

Por otro lado, tampoco hay que olvidar que el narcisismo y los sentimientos agresivos juegan un importante papel en el comportamiento de la persona. Cuando el sentimiento de «autoestima», emoción que le permite a la persona auto-protegerse, es amenazado, el resultado es generalmente un estado de vergüenza o una conciencia herida que hace que la persona emprenda una acción agresiva a fin de reconstruir dicha emoción. Además, la «ignorancia» o el conocimiento insuficiente o falso alimentan la intolerancia. Ésta, a su vez, prepara el terreno para el fanatismo, y el fanatismo deja la puerta entreabierta para que entre el terrorismo. Cuando el ámbito en el que reina la ignorancia es la religión, la situación se hace mucho más compleja. La gente que no está bien informada sobre sus propias creencias no puede efectuar una sana y correcta correlación entre los valores en los que cree y la vida que lleva. Pierden su conexión con la vida y empiezan a adoptar un comportamiento ilógico; o bien empiezan a despreciar sus valores y a desarrollar complejos de inferioridad. Ambos no son más que comportamientos descarriados.

De hecho, el terrorismo es la consecuencia de circunstancias desesperadas donde no se puede desarrollar solución alguna. Las circunstancias desesperadas son producto de la ignorancia, mientras que la impotencia surge de la carencia de los medios necesarios. Los individuos, y las sociedades, que no están suficientemente equipados en materia de educación y sabiduría intelectual causan más problemas que soluciones y son más susceptibles de ser objeto de abuso de los demás. Por otra parte, los problemas que surgen de la incapacidad de utilizar los recursos disponibles dan lugar a la impotencia, la cual desemboca en agresión.

El hecho de que el concepto de yihad sea invocado en relación a actos terroristas, actos bastante populares en el mundo islámico por diversas causas, han hecho de este concepto un tema de debate actual.

Yihad

Etimológicamente, la palabra yihad significa diligencia, prueba, desgaste, extraer mantequilla de la leche o sentir hambre. En cualquier lucha, se activa la fuerza y se aplica el esfuerzo. Es en este sentido en el que yihad también viene a significar guerra activa. Sin embargo, cuando todos los significados citados se toman en consideración, yihad adopta cuatro dimensiones diferentes:

a) Una dimensión defensiva: Este concepto se asocia normalmente a los términos *yihad, ghaza* y *harb*. Aunque la palabra yihad y sus conjugaciones se repiten 34 veces en el Corán, sólo cuatro acepciones se refieren directamente a la guerra[34]. No obstante, al encontrarse los versículos que citan el yihad en pasajes relacionados con la guerra, dicha acepción tiende a ser la interpretación preeminente.

b) Una dimensión psicológica: Los pensadores musulmanes, y en particular los sufíes, usan el término *muyahada*, proveniente de la misma raíz, para expresar la dimensión espiritual de la yihad el cual es clasificado en tres categorías: *muyahada* contra el enemigo, que es yihad; la *muyahada* contra el Diablo, que es *taqwa*; y la *muyahada* contra los deseos corporales que es *riyaza* (austeridad). Son diez los versículos del Corán referidos a esta última categoría[35].

---

34 At-Tawba 9:41, 73; Al-Furqan 25:52; At-Tahrim 66:9.
35 Al-Hajj 22:78; At-Tawba 9:24, 88; Al-Baqara 2:218; Al 'Imran 3:143; Al-Hujurat 49:15; Al-Ma'ida 5:35, 95; Al-'Ankabut 29:6; Al-Mumtahana 60:1.

c) Una dimensión intelectual: Esto está expresado en términos de *iytihad* (interpretación) y *tafakkur* (contemplación). *Iytihad* significa realizar un gran esfuerzo para alcanzar una meta difícil. Los juristas islámicos definen el término *iytihad* así: Esfuerzo realizado por un jurista para llegar a un decreto religioso basado en casos provenientes de suposiciones secundarias. Esto es, el esfuerzo realizado por un experto musulmán en leyes a fin de llegar a una decisión haciendo uso de todas sus capacidades intelectuales, tanto en asuntos religiosos como no religiosos[36].

d) Una dimensión social: Eso implica servir a toda la comunidad y luchar contra la injusticia. En este sentido, la palabra yihad significa ayudar a la gente y luchar para prevenir las acciones injustas[37].

Hay muchos hadices que están relacionados con el aspecto psicológico del yihad. Se narra que tras haber regresado de una batalla, el Profeta dijo: «Regresamos de la yihad menor a la yihad mayor»[38]. Asimismo, el Profeta dijo: «El muyahid es el que hace yihad contra su ser carnal»[39]. El siguiente hadiz clarifica el aspecto social de este concepto: «El Mensajero de Dios preguntó a uno de sus Compañeros que quería participar en la yihad (en el sentido bélico de la palabra) si sus padres estaban aún con vida. Tras recibir una respuesta positiva, el Profeta le dijo a ese hombre que hiciese yihad por ellos (o sea; que les sirviese en lugar de ir a la guerra)»[40]

El Profeta dijo en una ocasión: «Los que trabajan para las viudas y los pobres son como los que hacen yihad por Dios»[41]. También dijo: «La mayor yihad es decir lo que es justo y verdadero ante un gobernante opresivo»[42]. En cuanto al aspecto intelectual de la yihad, hay muchísimos hadices que promueven la contemplación, la investigación y la adquisición tanto del conocimiento religioso como del no religioso.

---

36 At-Tawba 9:122.
37 Al-Ma'ida 5:54; At-Tawba 9:19; Al-Anfal 8:72; An-Nahl 16:110; Al-'Ankabut 29:6, 8; Luqman 31:15.
38 'Ayluni 1:424.
39 'Ayluni 1:424.
40 'Ayluni 1:424.
41 Bujari, *Nafaqa*, 1; Muslim, *Zuhd*, 41.
42 Abu Dawud, *Malahim*, 17; Tirmizi, *Fitan*, 13.

Como puede verse, en el Islam, las dimensiones social, psicológica, intelectual y humana de la yihad son más acusadas que la relacionada con la guerra. En la literatura islámica, yihad no se refiere necesariamente a la guerra. La palabra ha empezado a significar guerra únicamente por que las comunidades emplean todo su esfuerzo y poder cuando han de combatir contra un enemigo. En el Corán, existen otras palabras para referirse directamente a la guerra, como *qital, harb, muharaba* y *ma'raka*. Tal y como ha indicado el prestigioso erudito musulmán Hamidullah, las guerras que no cumplen los propósitos que Dios ha establecido son ilegítimas en el Islam. Las guerras que entabló el Profeta tenían como propósito defenderse, castigar a los que se habían aliado con el enemigo o los que habían traicionado a la comunidad musulmana violando acuerdos previos y para la protección del territorio musulmán (Hamidullah 1995, 222-223). Por eso, el propósito de las conquistas musulmanas nunca ha sido la mera agresión, el asalto o el saqueo, sino más bien ha sido crear un entorno donde la gente pudiese elegir libremente el sistema de creencia que deseasen seguir. Por lo tanto, los conquistadores musulmanes dejaban a las gentes de otras tierras escoger libremente entre hacerse musulmanes o vivir bajo el gobierno musulmán pagando el impuesto de capitación (*yizya*), que constituye la alternativa al *zakat* y a la *sadaqa* que han de pagar los musulmanes.

El Islam siempre ha exigido desde el principio que los no musulmanes fuesen bien tratados en las tierras donde los musulmanes gobernasen, ya sean habitantes de la región y ciudadanos del estado conquistado o se asentasen ahí con posterioridad. En particular, había que tratar bien a los cristianos y a los judíos, ya que se les considera Gente del Libro. Se narra que incluso en su último suspiro, el Profeta advirtió a su gente que tratase bien a los no musulmanes. Ha sido transmitido que dijo: «Los que maltraten a los cristianos y a los judíos tendrán que vérselas conmigo el Día del Juicio Final»[43]. Y dijo: «Aquellos que traten injustamente a los cristianos o a los judíos no entrarán en el Paraíso»[44].

En el Islam, los campos y los árboles no pueden incendiarse en tiempos de guerra, ni los templos pueden ser destruidos. Está prohibido matar a

---

43   'Ayluni 2:285; Baghdadi 8:370.
44   Darimi, *Seerah*, 16.

mujeres, niños, ancianos, ciegos y miembros del clero. Los impuestos cobrados a los no musulmanes no pueden usarse para cubrir los gastos de los musulmanes; pero los impuestos cobrados a los musulmanes pueden usarse para proveer a los no musulmanes de que lo necesiten[45].

En la orden enviada por el Califa Omar a Abu Musa al-Ashari cuando le fue concedido el puesto de gobernador de Basora, se ordenaba que todos aquellos que acudiesen al gobernador deberían de ser tratados por igual; que los que acudiesen a juicios deberían de tomar asiento juntos en la sala; y que el gobernador debería ser equitativo en las miradas que concediese a cada una de las partes durante el juicio, sin discriminación alguna por religión: «… Por lo tanto, que así los ricos de entre ellos no piensen que juzgaras con injusticia, ni que los pobres piensen que se les infligirá injusticia alguna»[46].

Guerra santa y guerra justa en el Cristianismo

En el Cristianismo, religión que se manifiesta a sí misma como partidaria de la paz, el concepto de guerra ocupa un lugar preponderante. Los cristianos, que sufrieron enormemente sobre todo durante la hegemonía del Imperio Romano, eligieron la «resistencia pasiva» como método para frenar la opresión romana, dejando de lado el aspecto guerrero y combativo de dicha religión. Más bien, intentaron realzar el aspecto pacífico y tolerante de la misma.

Comenzando por Marción de Sinope, los primeros escritores cristianos no quisieron hacer soberano al «Dios Jehová creador, gobernante y castigador» del Antiguo Testamento; sino al «Dios del Amor, salvador y perdonador, el Mesías Jesús».

Según las escrituras cristianas, el mandamiento más importante que Dios dijo fue el de amar a Dios y a nuestros semejantes. Al igual que Jesús amó a sus discípulos, él predicó que se tenían que amar los unos a los otros.

Según consta en el Evangelio según Mateo, Jesús dijo lo siguiente:

> Pero yo os digo: No resistáis al que es malo. Más bien, a cualquiera
> que te golpee en la mejilla derecha, vuélvele también la otra. Y al

---

45   Ibn Rushd 1:348.
46   Bayjaki, 10:150; Daraktuni, 4:206; Sarahsi, 16:61.

que quiera llevarte a juicio y quitarte la túnica, déjale también el manto (Mateo, 5:39-40).

Podemos ver que junto a este mensaje de amor, otros mensajes de guerra ocupan gran parte del Nuevo Testamento,

> No penséis que he venido para traer paz a la tierra. No he venido para traer paz, sino espada. Porque yo he venido para poner en disensión al hombre contra su padre, a la hija contra su madre y a la nuera contra su suegra (Mateo 10:34-35).

> ¿Pensáis que he venido a dar paz en la tierra? Os digo que no, sino a causar División. Porque de aquí en adelante, cinco en una casa estarán divididos: tres contra dos y dos contra tres. El padre estará dividido contra el hijo, y el hijo contra el padre; la madre contra la hija, y la hija contra la madre; la suegra contra su nuera, y la nuera contra su suegra (Lucas 12:51-53).

Según la Biblia, acontecerán actos de violencia y catástrofes hacia el final de los tiempos para preparar al mundo para la segunda venida de Jesús, el cual *las guiará con cetro de hierro; como vaso de alfarero serán quebradas* (Revelación 2:27-28).

> El cuarto ángel Tocó la trompeta. Y fue herida la tercera parte del Sol, la tercera parte de la Luna y la tercera parte de las estrellas, de manera que se oscureció la tercera parte de ellos, y no alumbraba el día durante una tercera parte, y también la noche de la misma manera (Revelación 8:12).

En estudios realizados en los EE.UU., se ha descubierto que alrededor de un 30% de la población con creencias religiosas cree que el mundo acabará con las guerras del Apocalipsis. Han surgido grupos fanáticos, algunos de los cuales incluso han cometido suicidios en masa. Por ejemplo, Jim Jones, líder de la secta de la Gente del Templo, en su sermón de 1978 predicó que el mundo había llegado a su fin y que eso significaba el Apocalipsis mencionado en la Biblia. Dijo: «El Día del Juicio Final está a nuestros pies, vayamos a él y seamos los primeros entre la muchedumbre». Como sabemos, 913 personas se suicidaron en pos de dicho objetivo (Halsel 2002, 21). Por otro lado, algunos grupos cristianos creen que el mundo ha llegado o va a llegar a su fin y creen que han de estar cerca del Mesías, por lo que se dirigen a Jerusalén para morir ahí. El profesor François Meyer sostiene que desde 1850 mucha gente ha dejado los EE.UU. para dirigirse a Palestina por la razón indicada.

Cuando quienes sostienen distintas opiniones son oprimidos, como Donato y los donatistas, que no aceptaron al Patriarca nombrado por Constantino en el siglo IV, Arrio, Macedonio, Nestorio y sus seguidores y entonces el aspecto pacifista del Cristianismo quedó dañado.

En el siglo V, cuando las hordas bárbaras amenazaban Roma, el famoso santo cristiano San Agustín arguyó que la guerra era legítima para los cristianos bajo determinadas circunstancias, siendo el primero en hacer público el concepto de «guerra justa». En el siglo XIII, Santo Tomás desarrolló el concepto y lo sistematizó. Según él, para llamar a una guerra «justa», se deberían de dar los siguientes tres principios:

1) El derecho a declarar la guerra debe de estar fundado en una autoridad legítima.

2) La guerra debe de estar basada en la defensa ante una agresión, o en una causa legítima, como proteger los derechos de los creyentes.

3) La guerra debe de tener como propósito implantar la soberanía del bien y la erradicación del mal.

Desde el siglo X, con la reconquista de España y las cruzadas en Europa del Este, un nuevo concepto afloró en la literatura cristiana: el de «Guerra Santa».

Este concepto posee un argumento que fomenta el ataque y la guerra legítima según el principio: «Dios tiene enemigos y dichos enemigos quieren destruir a todos los que se someten a Dios. Los enemigos de Dios son los que están contra el Cristianismo, la verdadera religión de Dios, por lo que han de ser encontrados y destruidos».

En el siglo XIV, San Ramón Llull (de origen español), que difamaba constantemente el concepto de yihad en el Islam, dijo: «Los misioneros que intenten convertir a los musulmanes al Cristianismo deben, ante todo, tomar el amor como principio. Deben de amar a todos tal y como lo hacía Jesús. Luego, deben dejar que los musulmanes elijan el Cristianismo libremente. Pero si se resisten después de haber sido informados sobre el Cristianismo, la religión verdadera, será legítimo hacerles que lo acepten a través del uso de la fuerza» (Ramón Llull, 1983, 375).

Las Cruzadas, que duraron más de 300 años, dejaron recuerdos amargos y desagradables tanto entre los atacantes occidentales como entre los musulmanes. Por dicha razón, el término «Guerra Santa» fue abandonado por la Cristiandad a fin de ser reemplazado por el de «guerra justa», el cual denota una guerra del «bien contra el mal».

Con la Revolución Francesa y la Ilustración, el contexto religioso de dichos conceptos desapareció, adoptando un aspecto secular. Según este nuevo aspecto, una «guerra justa» es una guerra cuyo propósito no es la agresión, sino más bien una guerra defensiva. Debe de haber un grupo de gente que se rebele contra un gobierno opresivo y que, por dicha razón, se enfrenten a una opresión mayor. Cualquier intervención ha de ser realizada por una autoridad legítima y ha de ser limitada. Este concepto fue debatido por primera vez en la actualidad por Michael Walter, que se opuso a la guerra de los EE.UU. en Vietnam respecto a su legitimidad y a su dimensión ética.

Paz perpetúa

El filósofo alemán Emmanuel Kant desarrolló el término de «Paz Perpetua» en lugar de «guerra justa». En su tratado «Paz Perpetua» que escribió hacia el final de su vida, trata los aspectos teóricos, políticos y legales de la idea de dicho termino y ahonda en cómo se puede conseguir un mundo sin guerras. Kant cita seis principios fundamentales para la institución de la «paz perpetua» en la Tierra:

1) Ningún tratado de paz será considerado válido si se da tácitamente en él cabida a una guerra futura.

2) Ningún estado independiente, pequeño o grande, entrará bajo el dominio de otro estado por vía de herencia, intercambio, compra o donación.

3) Los ejércitos permanentes serán abolidos con el tiempo.

4) Las deudas nacionales no serán contraídas con vistas a provocar fricciones interestatales.

5) Ningún estado interferirá por la fuerza en la constitución o el gobierno de otro estado.

6) Ningún estado permitirá en tiempo de guerra acciones hostiles que hagan imposible la mutua confianza en una posible paz: acciones como el uso de asesinos, envenenadores, violación de las capitulaciones o instigar actos de traición en el estado enemigo.

Según Kant, para que la «paz perpetua» se hiciese realidad, cada uno debería de asumir su responsabilidad y se debería cultivar valores tales como las «buenas intenciones» y la «ética del deber». Detrás de un estado de paz o guerra existen razones éticas. La naturaleza de la humanidad es la mayor garantía para la propagación de la paz, no un obstáculo para la misma.

Es un hecho común que la ética y la política se contradicen mutuamente. A fin de aliviar dicha contradicción, se debe de poner en práctica en el ámbito de la ley universal el «trascendentalismo», punto de partida del idealismo kantiano.

Se intentó poner en práctica el ideal kantiano a gran escala con el establecimiento de las Naciones Unidas tras la Segunda Guerra Mundial. Sin embargo, la situación en la que hemos llegado hoy da la impresión de que hemos vuelto al estado en que estaban las cosas antes de la Segunda Guerra Mundial. La única manera de detener el curso de los acontecimientos es desarrollar un concepto de ética global.

La necesidad de una ética global

El hecho de que el problema básico al que se enfrenta la sociedad moderna actual no sea político, social o económico sino ético, es algo claro. Es imposible que una sociedad que carece de fundamentos morales se sostenga. Leslie Lipson piensa de modo similar:

> La civilización occidental está hoy por hoy necesitada más que nunca de una revolución ética que armonice con el humanismo. La sociedad occidental ha fracasado durante la primera mitad de este siglo y, desde entonces, se arrastra hacia el borde del precipicio.
>
> A los que hay que echar la culpa por ello es a los científicos que no asumen responsabilidad alguna por las consecuencias éticas de sus descubrimientos, a los economistas que sostienen que producir

para lucrarse económicamente no tiene nada que ver con los principios éticos, a los científicos de la política que se limitan a diseñar métodos técnicos y sistemas de gobierno, y a todos aquellos que no distinguen entre el buen y el mal conocimiento, haciendo así caso omiso de lo que más daño hace a la sociedad.

Occidente, ebrio de su propio éxito material, ha permitido que el materialismo y la superioridad comercial que lo acompañan gobiernen sobre todas las cosas. Hoy, la adoración del Becerro de Oro[47] ha sido reemplazada por la adoración del idolatrado producto nacional bruto. No obstante, los objetivos han de ser buscados en otra parte. Se han de buscar en el humanismo, la buena ciudadanía y la buena sociedad. En la historia de todas las civilizaciones, en todos los puntos del desarrollo humano, nos encontramos con acontecimientos perversos. Pero ahora hemos introducido nuevos males en este siglo XX. Todos estos males están relacionados con los irresponsables métodos que usamos para aplicar la tecnología en nuestro uso diario de la misma. La existencia de armas nucleares, la polución del medio ambiente y su destrucción sistemática, la explosión demográfica en lugares donde el nivel de vida ya era bajo. Son problemas que si no se resuelven resultarán en uno de estos dos panoramas: O bien la calidad de la civilización descenderá en todos los lugares del mundo, incluso en los países ricos, o bien el planeta se convertirá en un lugar inhabitable.

Por lo tanto, surge la siguiente pregunta: ¿Qué podemos nosotros, la humanidad entera, hacer para escapar de dichos problemas? En mi opinión, deben de darse cambios radicales en las raíces profundas de la civilización que conocemos. Sólo un intento completo y radical nos salvará del declive. Se han de dar dos requisitos para esta acción. El primero implica una revolución en nuestras instituciones. Y el segundo, en nuestros valores. Si la civilización ha de ser protegida y debe seguir creciendo, dichos requisitos han de ir de la mano (Lipson 2000, 298-300).

Francis Fukuyama, que ha llamado la atención con su tesis «¿El Fin de la Historia?», sostiene que en la raíz del desarrollo de las sociedades

---

47   *Éste les sacó un ternero, un cuerpo que mugía, y dijeron: «Este es vuestro dios y el dios de Moisés. Pero ha olvidado»* (20:88).

y el progreso se halla el sentimiento de confianza y que el bienestar social no puede instituirse sin dicho sentimiento. La institución de la confianza depende del establecimiento de una sólida estructura de sociedad civil. La sociedad civil tiene una estructura compleja que incluye empresas, establecimientos educativos, organizaciones no gubernamentales de ayuda, medios de comunicación, sindicatos, organizaciones caritativas, clubes e instituciones religiosas. La sociedad civil está construida sobre la institución de la familia, la cual trasmite los valores y el conocimiento de dicha sociedad de generación en generación y proporciona las cualidades que permiten a los individuos vivir en una sociedad más amplia. Pero la estructura familiar y las instituciones sociales fuertes y consistentes que tengan continuidad no surgen como resultado de la legislación, como surgen los gobiernos, los bancos centrales y los ejércitos nacionales. Una sociedad civil exitosa se construye sobre los hábitos, las tradiciones y los valores éticos del individuo.

En la socialización y en la promoción del bienestar social, la principal fuerza propagadora es la cultura. Por dicha razón, las sociedades han de hacer grandes esfuerzos para mantener los valores culturales heredados de su pasado. Los enfoques razonables y los valores positivos no son siempre una solución en sí mismos; tienen que haber también valores morales y espirituales.

En el siglo veintiuno, se necesitan medidas que realcen la confianza entre las distintas sociedades. Esto sólo puede lograrse uniendo las culturas tradicionales y las instituciones modernas en una síntesis viable. La actividad económica del mundo moderno no es llevada a cabo por individuos, sino por organizaciones que precisan la mayor cooperación social. El derecho a la propiedad, los contratos y las leyes comerciales son instituciones esenciales para formar un sistema económico con tendencias de mercado modernas. Pero dichas instituciones sólo son importantes cuando están unidas al capital social y a la confianza.

> No se puede pretender que dichas normas sociales y reglas no sean modernas. Para que la moderna democracia sea funcional, los valores racionales y técnicos han de coexistir. La ley, los contratos y la racionalidad económica son elementos necesarios para la prosperidad de las sociedades post-industriales, pero no son suficientes. Además

de dichos valores que se fundamentan en la racionalidad, deben de haber valores cuyo fundamento sean los hábitos, las relaciones mutuas, las responsabilidades, los deberes éticos y la confianza en el seno de la sociedad. Dichos valores no están para nada anticuados. Al contrario, son elementos indispensables para el éxito de la sociedad moderna (Fukuyama, 1998).

Nuestro mundo globalizado necesita más que nunca de una ética global nueva que sea válida en todo lugar. Es imperativo que el enfoque de la «ética global» desarrollado por los intelectuales protestantes, tales como Hans Küng y Josef Kushel, sea enriquecido, especialmente por la tradición intelectual del pensamiento islámico.

Referencias

- Bujari, *Sahih*; Muslim, *Sahih*; Tirmizi, *Sunan*; Darimi, *Sunan*; Darakutni, *Sunan*; Ayluni, *Kashf al-Jafa*; Hatip al-Baghdadi, *Tarij al-Baghdad*; Ibn Rushd, *Bidaya al-Muytaid*.

- *La Santa Biblia*, Versión del Rey Jaime. Mateo, Lucas, Revelaciones.

- Hamidullah, Muhammad. *Islam Anayasa Hukuku*, Estambul: 1995. Publicado originalmente como *The First Written Constitution in the World*, Lahore: 1975.

- al-Shatibi. *al-Muwafaqa fi usul al-shari'a*, El Cairo: Al-Maktaba al-tiyariyya al-kubra, 1975 4:60

- Sarahsi, *Al-Mabsut*, Cairo.

- Fukuyama, Francis. *Güven, Sosyal Erdemler ve Refahın Yaratılması*, Ankara: 1998. Traducido por Ahmet Buğdaycı. Publicado originalmente como *Trust: The Social Virtues and the Creation of Prosperity*, Free Press, 1995.

- Halsell, Grace. *Tanrıyı Kıyamete Zorlamak*. Traducido por M. Acar- H. Ozmen, Ankara: 2002. Publicado originalmente como *Forcing God's Hands: Why Millions Pray for a Quick Rapture - and Destruction of Planet Earth*, Washington, DC: Crossroads International Publishing, 1999.

- Lipson, Leslie, *Uygarlığın Ahlaki Bunalımları*, Istanbul: 2000. Traducido por Jale Yeşilbaş. Publicado originalmente como *The Ethical Crises of Civilization: Moral Meltdown or Advance?* Sage Publications, 1993.

- Ramon Sugranyes de Franch. *L'Apologetique de Raimond Lulle vis-a-vis de l'Islam*, Toulouse: Cahier de Fanjeaux, XVIII, 1983.

LA YIHAD

Ali Bulaç

El desarrollo moderno del concepto de yihad

Si queremos tener una idea general del significado de las acciones y del comportamiento de los musulmanes, primero tendremos que tomar en consideración tres elementos: el primero es el Corán y la Sunna (o sea, los dichos del Profeta, sus acciones y las acciones que aprobó), los cuales proporciona un marco de legitimidad a todos los musulmanes. Segundo, las estructuras tradicionales y culturales que los musulmanes han desarrollado a lo largo de su historia. Y tercero, las ideas y puntos de vista que una persona ajena pueda tener y que cambian según el nivel de conocimiento y la observación del observador. Generalmente, la diferencia entre dichos tres elementos no suele tomarse en consideración, lo cual hace difícil determinar qué es lo que proviene de la naturaleza original de la religión; qué es el resultado del entendimiento limitado de los practicantes de la religión y el impacto de su situación histórica; o, por último, qué está causado por la descuidada observación y el conocimiento insuficiente originadores de perjuicios. En tiempos recientes, debido a las guerras de independencia contra el colonialismo que tuvieron lugar en el 80% de los territorios islámicos ocupados, el término yihad ha activado una energía humana magnífica que había permanecido durmiente. Los eruditos del Islam, que se dieron cuenta de las consecuencias de dicha energía, declararon que la yihad podía emplearse contra el colonialismo. En el Cáucaso, en la India y en el colonizado Medio Oriente, a medida que la lucha contra las fuerzas ocupadoras ganaba terreno, la yihad se utilizó como mecanismo de defensa y como marco que establecía la legitimidad de la guerra. De modo natural, el movimiento de la yihad estaba dirigido contra las «fuerzas occidentales», que constituían el «poder ocupante», cuya definición negativa en la literatura política y religiosa dio lugar a la figura del «otro», figura contra la cual había que luchar. Esto a su vez, originó un fuerte prejuicio en Occidente contra la yihad, donde ya existía una imagen particular de los musulmanes fruto de las relaciones históricas.

Cuando la primera generación de islamistas del siglo XIX formuló su proyecto de islamismo como movimiento intelectual y político, abrieron la puerta del *iytihad*[48], volviendo al Corán y a las fuentes originales de la religión, poniendo un énfasis especial en el espíritu del yihad. Pero lo que se entendía como yihad fue definido en un nuevo marco conceptual como resistencia contra el colonialismo. El término yihad iba a ser usado de modo pragmático a fin de proporcionar la motivación religiosa necesaria para alcanzar un progreso económico, científico y tecnológico. Otro significado de yihad tuvo lugar al redefinirlo: la erradicación de la pereza que había echado raíces en la sociedad durante largo tiempo y el comienzo de un movimiento encaminado a lograr un despertar intelectual, social y material. Al igual que el agua se estanca cuando permanece quieta, también la sociedad se hunde en un letargo cuando deja de moverse. La yihad se concibió como fuente que promovía una energía espiritual, una fuerza transformadora y propagadora para el nuevo movimiento de la comunidad y para deshacerse del colonialismo. En base a dicha energía, fueron creados proyectos sociales dinámicos.

A pesar de todos los minuciosos esfuerzos, los orientalistas occidentales e investigadores no tuvieron en consideración este importante desarrollo, el cual pertenece a la modernidad y moderniza el concepto de yihad. Consideraron que la yihad era una propaganda religiosa que amenazaba la civilización, algo parecido al concepto de cruzada cristiana: el terror como medio de realización de una meta política determinada o el fanatismo ciego impulsado por el fervor religioso (Peters, 1989).

El lugar de la yihad en la terminología islámica básica

El Islam, que acepta otras tradiciones religiosas como el Judaísmo y el Cristianismo como mensajes sagrados revelados con anterioridad a su aparición, posee algunos «términos clave» en su marco teológico de

---

48   *Iytihad:* (Literalmente, esfuerzo extremo). El ejercicio de la razón a fin de encontrar una resolución sobre un tema no mencionado directamente en el Corán.

existencia, conocimiento y sentido ético. Estos términos clave, que constituyen la base de la fe religiosa, son el *Tawhid* (creencia en la absoluta unicidad de Dios), *Risala* (la comunicación de Dios con la humanidad a través de un Mensajero), *Ajira* (vida eterna después de la muerte) y algunos otros más. Aunque el yihad no constituye uno de los pilares de la fe, es un término clave que ayuda a entender los aspectos individuales y sociales del Islam. Las campañas políticas y militares que los musulmanes entablaron contra los no musulmanes a lo largo de la historia han originado ciertas diferencias semánticas en el concepto de yihad, al igual que en otros conceptos. Aquí, se puede decir que los movimientos históricos y los modos de gobierno han jugado un papel crucial. Por ejemplo, el término *sadaqa* (limosna) está relacionado con el término *tasadduq* (dar limosna), por lo que puede expresar a la vez la idea de «ayuda financiera voluntaria» o la de «impuesto estatal obligatorio». De hecho, en la actualidad se ha convertido en una mera miseria que se da a los pobres y mendigos a título voluntario.

Asimismo, el término yihad ha cambiado de acepción llegando a significar guerra que se hace por razones de creencia cuyo resultado es la expansión militar y la conquista de territorios. Con ello se discrepa con el significado que poseía en los textos religiosos primordiales de carácter vinculante y con el modo en que fue entendido por los musulmanes del primer período. En realidad, yihad tiene un significado más amplio que abarca otros conceptos y significados, igual que el término *infaq* (dar de las posesiones de uno). *Infaq*, como término, abarca los siguientes conceptos: *sadaqa* (ayuda financiera voluntaria u obligatoria, es decir, limosna); *zakat* (impuesto y/o *tasadduq* que los musulmanes han de pagar por la posesión de oro, plata, mercaderías, ganado, minerales, etc.); *oshur*, que está incluido en el significado de zakat (impuesto de una décima o vigésima parte sobre el valor de los productos agrícolas); *jaray* (impuesto sobre los que cultivan las tierras que pertenecen al estado); *jumus* (impuesto de una quinta parte sobre el valor de los productos mineros y metales). Todos estos conceptos y otros relacionados con los impuestos estatales están aglutinados por el término *infaq*, y cada uno posee un significado específico relacionado con una determinada actividad económica, industrial o comercial. Considerando el término yihad en sus diversas acepciones, vemos que puede albergar otros significados tales como *qital* (batalla), *muharaba* (guerra en acción), *isyan* (rebelión), *yadal* (conflicto). La semántica árabe es suficientemente rica como para expresar cada acción y actitud con una palabra diferente. *Qital* significa lucha real, mientras que *muharaba* significa estado de guerra existente entre dos grupos. Si yihad sólo significase «matar» y «guerra», no hubiese sido necesario emplear palabras como *qital* y *muharaba* en el Corán.

El marco de la definición

Si intentamos definir yihad respecto a la estructura de su verdadero significado, podemos decir lo siguiente: «Yihad es el esfuerzo realizado para apartar los obstáculos existentes entre la humanidad y Dios».

En esta definición, humanidad, Dios y obstáculos son palabras clave. En un análisis final, humanidad significa individuo. El individuo es el producto de su historia y de su entorno socio-cultural. Sin embargo, si uno así lo desea, puede liberarse de las falsas creencias, de la historia y del entorno, librándose de ser llevado de un lado para otro por el viento de las circunstancias. El Islam es la última religión revelada por Dios a través del Profeta Muhammad, sobre él sea la paz. Por otra parte, los obstáculos, existen en un espectro tan amplio que va desde las pasiones internas de la persona, las restricciones impuestas sobre la libertad de religión y conciencia a la opresión y la depravación social.

Por consiguiente, es posible hablar de dos dimensiones básicas del yihad, palabra derivada de la raíz yahd, que significa esfuerzo o lucha. La primera es el esfuerzo espiritual y moral que debe realizarse para aliviar las restricciones y obstáculos originados por el mundo interior del individuo y su naturaleza esencial. El segundo es la suma total de todas las actividades que se han de realizar a fin de hacer posible un entorno físico y social donde la vida religiosa pueda ser libremente comunicada y practicada. En ambos casos, el individuo habrá de aplicar el máximo esfuerzo en esta lucha para liberar a la humanidad interna y externamente.

El Islam, que constituye la meta de la vida religiosa del individuo y de sus acciones, significa —más allá de su marco teológico y jurídico concreto— sumisión a Dios, paz, salvación, seguridad y bienestar. Estos conceptos son el común denominador de de casi todas las religiones.

El Corán, refiriéndose al profeta Abraham como antepasado común de las tres religiones monoteístas, le llama «musulmán». Llamándole «musulmán»[49], lo que se quiere decir es que era un profeta que se sometía a la voluntad de Dios y que enseñaba la calma espiritual interna y la paz externa. Fue un profeta elegido que enseñó el camino conducente a una vida social donde reinase la paz. El sometimiento a Dios implica vivir en *silm*. *Silm* significa vivir en paz con Dios, la naturaleza, los demás y con uno mismo.

El Corán también nos recuerda que la religión verdadera es «una y única» y que sólo hay diferencias en normas secundarias y terciarias de la ley religiosa. Dichas diferencias surgieron conforme a circunstancias históricas y dentro del ámbito de los principios básicos e inalterables de la religión. Esto hace referencia a que en la raíz de la sumisión a Dios radica la unidad de la existencia, la humanidad y la historia. Por consiguiente, en el mensaje de todos los profetas y mensajeros, del primero al último, se puede apreciar un cambio continuo respecto a cuestiones de orden secundario; pero dichos cambios nunca afectan al núcleo del mensaje y son siempre secundarias.

El hecho de que yihad derive del término *yahd* indica asimismo la relación de dicho término con la palabra *iytihad*, que deriva de la misma raíz. El significado de *iytihad* es el hecho de que una persona capacitada intelectual y científicamente realice el máximo esfuerzo en derivar juicios a partir de pasajes del Corán y de la Sunna. El *jahd* realizado en este caso en un *asl* (fuente legítima y fidedigna: el Corán y la Sunna) particular y con un *usul* (método) determinado hace referencia al esfuerzo científico e intelectual. *Muyahada*, que deriva de la misma raíz, hace sobre todo referencia al esfuerzo individual de la persona en el ámbito de la madurez espiritual y la purificación moral del ego (*muyahada* contra el ego carnal). Si aceptamos *iytihad* como metodología de esfuerzo intelectual, particularmente en el campo de la Ley (jurisprudencia islámica o *fiqh*), podemos considerar la *muyahada* como método y vía del Sufismo.

La riqueza etimológica de la palabra yihad demuestra la riqueza de las situaciones humanas en la que nuestras experiencias se manifiestan.

---

49 «Musulmán» (muslim en árabe) deriva de la misma raíz que Islam *s-l-m*, que significa sumisión y paz.

No cabe la menor duda de que nuestra vida no está compuesta únicamente de luchas y peleas. Sin embargo, debemos de tener en cuenta que las fuerzas de la ira y el deseo que albergamos pueden llevarnos a situaciones que nos parezcan legítimas, por lo que debemos de estar siempre preparados para dichas eventualidades. Lo esencial es mantener dichas fuerzas bajo el control de la mente, que está iluminada por la luz divina del corazón, la fuerza del intelecto, de un modo que conduzca dichas fuerzas hacia metas legítimas y beneficiosas. En esto consiste la gran lucha o *muyahada*.

La dimensión básica de la yihad relacionada con la vida interior de la persona expresa la lucha contra la voluntad y los deseos del *nafs* (ego carnal). *Nafs* es un concepto básico de la literatura musulmana, cuya raíz ontológica significa «oscuridad densa». Lo que significa es amor por el mundo material y dependencia extrema de la naturaleza mundana de nuestro ser esencial. La ambición, el egoísmo, la sensualidad, la adicción a los deseos carnales, la búsqueda de los placeres materiales, la adoración del mundo y la exaltación de los valores mundanos y sus deseos hasta convertirse en fetiches son las características principales del *nafs*.

La humanidad tiene una naturaleza dual concéntrica. La primera parte de dicha naturaleza es la mundana, mientras que la otra es la espiritual. La morada de esta segunda naturaleza es el corazón, mientras que la morada de la naturaleza mundana son nuestros deseos y pasiones corporales (nuestro *nafs*). El propósito de la creación de la humanidad es únicamente poner la naturaleza espiritual por encima de la mundana. La libertad adquirida a través del *yahd* y de la *muyahada* radica en poder regular conscientemente nuestra naturaleza mundana y en mantener dicho poder. Dios mismo creó a la humanidad con Sus manos[50] de la mejor manera y forma. Nos ha insuflado Su espíritu, nos ha enseñado los nombres (es decir, el conocimiento de todo lo que existe) y nos ha enseñado el camino a través de Sus mensajeros. El propósito de la creación es servir a Dios del mejor modo posible. El

---

50   *¡Iblís! ¿Qué es lo que te impide postrarte ante quien he creado con Mis manos?* (Sad 38:75). Dios está más allá de cualquier atributo físico o humano. La palabra árabe yad (mano) en este versículo y en otros del Corán implica un significado de exaltación cuando se refiere a Dios. Según muchos comentaristas, este verso realza la importancia de la humanidad en lo que su creación y posición sobre otras criaturas se refiere.

camino hacia esta perfección o el resultado de alcanzar dicho nivel es transformarse en *insan al-kamil*, ser humano perfecto y maduro, es decir: persona en posesión del más alto grado de madurez moral y espiritual. La esencia divina presente en la humanidad nos llama a Dios y al Paraíso, que es a donde verdaderamente pertenecemos. Mientras, la naturaleza mundana, dimensión de la existencia del *nafs*, nos llama hacia la tierra y el fango. La humanidad es el fruto del árbol de la existencia, la creación más perfecta. Si lo deseamos, con el permiso, la ayuda y el poder de Dios, podremos luchar contra el mal que el *nafs* fomenta en nosotros y podremos cumplir el propósito de la creación. Otro nombre de esta lucha es *muyahada*, es decir: yihad.

Según el Islam, este enorme esfuerzo espiritual es conocido como yihad mayor. Según ha sido transmitido, el Profeta, la paz y la bendición sean sobre él, tras retornar de la batalla de Badr, dijo a sus victoriosos compañeros: «Habéis vuelto de la yihad menor a la yihad mayor». Cuando se le preguntó «¿Qué es la yihad mayor?», respondió: «Es la yihad contra el ego»[51]. También ha sido transmitido que dijo: «Los verdaderos *muyahidun* son los que luchan contra sus *nafs*»[52].

Esta dimensión interior del yihad es de vital importancia. De la gente que no ha luchado contra el mal inherente a su propia naturaleza, de la gente que ha fracasado en superar los obstáculos que se hallan en el camino de la madurez espiritual y moral, no puede esperarse que realicen un esfuerzo fructífero y exitoso en dirigir a los demás hacia el camino verdadero en lo externo. En este marco de referencia, yihad significa la máxima lucha que emprende el individuo en pos de la purificación espiritual, el control de sus *nafs* y la disciplina de uno mismo respecto a las virtudes morales. Al ser esta la lucha más difícil, se considera a la «yihad contra el *nafs* la mayor yihad».

La ley, la Guerra y la yihad

En cuanto al significado superficial de la yihad, existe una opinión ampliamente difundida según la cual los musulmanes se consagran a la guerra a fin de forzar a los adeptos a otras religiones a «convertirse al Islam». Según esta opinión, el yihad se ha politizado hasta tal punto que se usa la violencia y el terrorismo contra los demás para cumplir fines

---

51   'Ayluni, *Kashf al-Jafa*, 1:45.
52   Tirmizi, *Fada'il al-Yihad*, 2.

propios, buscando legitimidad en el Islam. Los medios de comunicación occidentales a veces muestran actos de terror y violencia políticamente dirigidos como ejemplos de la llamada «yihad islámica».

Aquí, la mejor manera de evitar la confusión es hacer una distinción entre guerra, que —según hemos señalado al principio de este artículo— es un asunto de derecho internacional presente en el orden del día de las relaciones internacionales (o sea, el combate en sí), y la yihad, que posee una semántica mucho más amplia. Uno de los aspectos de la yihad es, sin lugar a dudas, la guerra. Cuando se enumeran las cuatro funciones clásicas del estado, los juristas hanafíes (la escuela hanafi es una de las grandes escuelas de pensamiento islámico) incluyen por consenso la yihad. Según ellos, los cuatro deberes básicos del estado son los siguientes: la soberanía y la representación de la misma (la práctica de la oración pública del viernes); la recolección de impuestos y la distribución de los mismos en servicios compartidos e indivisibles (*fay*); la protección de la seguridad nacional y la independencia de la judicatura (la autoridad judicial); y la defensa del territorio (la declaración de la yihad). Los juristas hanafíes consideran que la defensa depende de la autoridad del estado bajo la denominación de «yihad». Esto no significa una lucha continua como en los regimenes marxista o nazi, que aboga por una lucha continua hasta que el mundo entero acepte la superioridad de una raza determinada. Muy al contrario, la autoridad administrativa considera que todos los asuntos han de ser considerados en el ámbito de la ley. El hecho de que dicho deber sea del estado significa que la autoridad para declarar la guerra contra otro país y entablar una yihad sólo puede estar en las manos de una autoridad pública y legítima. Los individuos, grupos sociales, comunidades o grupos políticos no pueden por sí mismos declarar la guerra y llamarla yihad.

A pesar de este claro hecho establecido por la ley, Hans Kruse define la yihad como «guerra continua entre la comunidad musulmana y los no musulmanes». No está claro si ha llegado a esta conclusión a través del estudio de ejemplos históricos o si se basa en fuentes religiosas fundamentales. En realidad, cuando las fuentes fidedignas son consultadas, no se puede encontrar ninguna «yihad continua» en el sentido de qital o guerra. No es un deber obligatorio (*fard*) que todos los musulmanes deban realizar. Las fronteras de un país musulmán han de ser protegidos por fuerzas armadas, o sea por el ejército oficial del país. Los primeros juristas de entre los compañeros del Profeta, Abdullah ibn Omar, Amr ibn Dinar y Sufyan al-Sawri eran de esta convicción. Según dichos juristas y eruditos, si las fronteras del territorio musulmán están a salvo, la guerra deja de ser necesaria y deja de ser obligatoria (Abu Suleyman, 1985, p. 24).

La conexión de la yihad con la guerra se encuentra al centrarse en la lucha espiritual en pos de la madurez del carácter y esperando que la recompensa provenga sólo de Dios. Las personas que luchan en dicha vía combatirán en guerras con causas justas y legítimas, ofreciendo sus vidas por la libertad y la independencia de la gente ya que dicho acto es considerado por Dios como una causa noble. La persona que muere defendiendo su fe, riqueza, honor, su salud física o mental o su vida es considerada un «mártir». La yihad no es, como dice el orientalista Joseph Schact, «una Guerra Santa que expande el *Dar al-Islam* (territorios islámicos) a expensas del *Dar al-Harb* (territorios no islámicos) y que proseguirá hasta que el mundo entero se convierta al Islam o entre bajo la soberanía del mismo» (Schact 1997, p. 139). Debemos señalar que el concepto de Guerra Santa es un concepto completamente occidental, como otros muchos conceptos. En vez de tratar el yihad considerando su sentido verdadero y el lugar que ocupa en el Islam, algunos intelectuales occidentales han intentado ubicar el yihad en su propio sistema de conceptos y entendimiento, tendiendo a traducir el yihad por Guerra Santa. Es más, Schact confunde «Guerra Santa» con los conflictos militares surgidos en las disputas entre estados. Tal y como hemos dicho anteriormente, «Guerra Santa» es un concepto extraño respecto al las concepciones políticas y militares de los musulmanes. La guerra, siendo todo lo indeseable que es, posee una política totalmente diferente. Yihad, en dicho sentido, sólo puede ser llevado a cabo bajo el poder del estado, a saber: la autoridad pública legítima. El objetivo de dicha guerra debe de ser el obtener un resultado justo y merecido, y dicha guerra debería de ser ejecutada dentro de los límites de la legalidad. Rumi dijo: «La guerra se hizo obligatoria para arrebatar las espadas de las manos de los opresores». Además, la ley islámica nunca usaría el calificativo de «santa» para la guerra. Contrariamente a ello, en el Corán se dice que la guerra siempre le es odiosa a los seres humanos

(Al-Baqara 2:216), por lo que está limitada en el Islam a fin de que el resultado final sea positivo. No existe en el Islam la pretensión de convertir al mundo entero al Islam. El Corán dice claramente que *no todo el mundo creerá (como musulmanes)* (Yusuf 12:106). La persona sólo puede encontrar el camino recto y lograr la salvación (*hidaya*) a través de la voluntad de Dios (*mashia*) y de Su guía. A pesar de que el esfuerzo personal sea muy importante y necesario, la fe es un privilegio. Al serlo así, es impensable que a alguien se le haga encontrar la hidaya o entrar en la fe a la fuerza. El Corán se dirige al Profeta, y por consiguiente a todos los creyentes, de la siguiente manera: *Así pues, llama al Recuerdo, pues sólo eres alguien que llama al recuerdo. No tienes potestad sobre ellos* (Al-Ghashiya 88:21-22). El principio más básico es el siguiente:

> No hay coacción en (la elección de) la religión (Al-Baqara 2:256).

Por el contrario, una de las causas que hacen legítima una guerra es la instauración de la libertad religiosa y de conciencia y la disminución de los obstáculos que se interponen entre la conciencia del individuo y Dios. Si como seres humanos tenemos una responsabilidad a este respecto, dicha responsabilidad es la de disminuir dichos obstáculos. Sin embargo, si un estado garantiza la libertad religiosa y de conciencia bajo su ley y su constitución, no habría coacción alguna sobre la gente para que eligiesen una religión determinada. Los regímenes opresores no sólo coartan la libertad religiosa, de conciencia y expresiva, sino que crean una gran cantidad de injusticias y de degeneración moral. La lucha por la libertad y la justicia contra dichos regímenes opresores es uno de los objetivos morales del yihad. El Profeta Muhammad, sobre él sea la paz, dijo lo siguiente como clarificación de los objetivos legítimos de la política interna:

> La mayor yihad es decir lo justo y la verdad ante un gobernante opresor[53].

La garantía de la libertad de religión y conciencia, el vivir del modo que uno quiera y el establecimiento de una justicia que beneficie

---

53   Abu Dawud, *Malahim*, 17.

a todos, son derechos de los que tanto musulmanes como no musulmanes deben de poder beneficiarse. Como principio, la existencia de más de una religión, creencia y modo de pensar determina el marco general del pluralismo. Dios no desea que toda la gente sea igual, como si todos hubiesen surgido de un mismo molde. Existen diferencias ontológicas que nos permiten ver a qué comunidad le va mejor. No cabe duda que existirán debates teológicos y epistemológicos entre las diferentes religiones. Pero dichos debates no deben dar lugar a guerras y batallas. Dios juzgará los asuntos sobre los que las distintas personas y comunidades discutan. En esta vida, lo que nos incumbe es competir entre nosotros para alcanzar lo bello y lo verdadero.

Inevitablemente, la humanidad —que, además de virtudes, posee una naturaleza egoísta, codiciosa, dominadora y destructiva— no siempre se atendrá a principios morales, codiciará aquello a lo que no tiene derecho y violará los derechos ajenos. La razón de una guerra legítima y justa sólo puede existir cuando se dan las mencionadas situaciones. Además de la guerra defensiva y la guerra contra los que albergan malos propósitos, es posible declarar la guerra con el fin de establecer la libertad de religión y conciencia y establecer los derechos y las libertades básicas. Un mundo libre de armas y de la amenaza de la guerra es un mundo ampliamente deseado, un ideal maravilloso. Pero los hechos de la historia y de la vida cotidiana demuestran lo lejos que estamos de dicho ideal. Por lo tanto, debemos de vivir con esa continua amenaza. Y si ese es el caso, por lo menos basemos la guerra en argumentos justos y morales. El Islam acepta el hecho de la guerra, mas no como un deber principal, sino como algo circunstancial e ineludible.

La institución de la libertad de religión y conciencia y la protección de los lugares de culto se mencionan en el Corán del modo siguiente:

> A quienes han sido expulsados injustamente de sus hogares, sólo por haber dicho: «¡Nuestro Señor es Dios!» Si Dios no hubiera repelido a unos hombres valiéndose de otros, habrían sido demolidas ermitas, iglesias, sinagogas y mezquitas, donde se menciona mucho el nombre de Dios (22:40).

El verbo *def^c* (repeler) que figura en este versículo deriva de la raíz *d-f-^ca, una de cuyas acepciones es guerra*. Sin embargo, no es posible limitar el significado de yihad meramente al de combate (*muqatala*). Al contener el verbo la noción principal de «deshacerse de», alberga el significado de resistencia contra todo tipo de presión política e ideológica. Emprender una lucha política y legal para asegurar la libertad religiosa y de consciencia en un país, esforzarse en mitigar la presión impuesta sobre la gente, realizar un esfuerzo intelectual al respecto, desarrollar una reacción cívica, crear plataformas para ello, participar en dichas plataformas y ser un miembro de las mismas, está todo ello comprendido dentro del significado de *def^c*.

¿Cómo puede ser que una religión que llama a la acción (e incluso a la guerra) para aliviar la presión ejercida incluso sobre los no musulmanes puede ser contemplada como fundamento legítimo para forzar a la gente a que se convierta al Islam o como fundamento para la violencia o para actos terroristas dirigidos contra gente inocente?

Existe en la historia ejemplos que demuestran la atención que el Islam presta a los derechos de los no musulmanes. Tras la conclusión de una sangrienta guerra contra los mongoles, los musulmanes estipularon la condición de que los esclavos no musulmanes tendrían que ser también liberados. Esto era tan inusual que cuando el general mongol, Kutlu Shah, le preguntó a Ibn Taymiya, el interlocutor por parte de los musulmanes: «¿Qué significa? ¿Qué continuaréis luchando si no liberamos a los esclavos judíos y cristianos?», Ibn Taymiya respondió: «En efecto. Eso es lo que significa». Según Ibn Taymiya, los musulmanes deben de luchar para garantizar la libertad de los no musulmanes con quienes los musulmanes han pactado, ya que ello constituye yihad por la causa de Dios[54].

> Cuando hayan transcurrido los meses sagrados, matad a los paganos dondequiera que les encontréis. ¡Capturadles! ¡Sitiadles! ¡Tendedles emboscadas por todas partes! Pero si se arrepienten, hacen la oración y dan el zakat, entonces ¡dejadles en paz! Dios es indulgente, misericordioso (At-Tawba 9:5).

---

54   Abu Zahra, *Imam Ibn Taymiyya*, Estambul: İslamoğlu Yayınları.

Este versículo, según se explica en los primeros cuatro versículos del mismo capítulo (At-Tawba), describe una condición en la que todas las posibilidades de acuerdo y pacto se han agotado, en la que todas las relaciones diplomáticas se han roto y cuando la guerra ya se ha desencadenado. En el cuarto versículo, figura lo siguiente:

> Se exceptúan los paganos con quienes habéis concertado una alianza y no os han fallado en nada ni han ayudado a nadie contra vosotros (At-Tawba 9:4).

En el sexto versículo, se estipula que los paganos que busquen refugio o protección han de ser excluidos de la lucha. En resumidas cuentas, los anteriores versículos se refieren únicamente a un estado de guerra.

Aquí ha de quedar claro cuándo se considera que existe guerra, tanto en términos de teoría bélica como religiosos. Tal y como se dijo con antelación, la guerra es una situación de lucha militar originada por diferencias y disputas políticas, esta es su naturaleza secular. Según el general prusiano Clausewitz, la guerra es la «continuación de la política con diferentes medios». La guerra es un método que puede ser utilizado para hacer que la gente acepte un objetivo político a través del uso de la fuerza.

Según la mayoría de los juristas musulmanes (*yumhur*), la causa principal (*illat*) de la guerra es el ataque de un enemigo contra el Islam y contra el territorio de los musulmanes[55]. La causa que desencadena la guerra está definida en el siguiente versículo:

> Combatid por Dios contra quienes combatan contra vosotros, pero no os excedáis. Dios no ama a los que se exceden (Al-Baqara 2:190).

Es decir, que el principio desencadenante de la guerra no estriba en hacer que los no musulmanes se conviertan al Islam. Si eso fuese así, se debería de luchar contra todos los no musulmanes y matarles sin distinción de sexo, edad o si son seglares o religiosos; y eso sería

---

55 Sarahsi, *al Mabsut*, 10:5.

«rebasar los límites», lo cual está prohibido según consta en el versículo. La realidad es que, aun en situación de guerra, los musulmanes no pueden matar a mujeres, niños, ancianos, minusválidos, al clero o incluso a los civiles que no tomen parte activa en la guerra.

Aun en el caso en que el enemigo no se atenga a las normas morales y las leyes arriba mencionadas, el Islam no permite que se lleve a cabo el resarcimiento mediante la venganza, el *ojo por ojo, diente por diente*. Dicho de otro modo, si las mujeres musulmanas son violadas durante una guerra, los soldados musulmanes no pueden tomar represalias violando a las mujeres del enemigo (Abu Zahra 1976, 42). Por lo tanto, la violación de las mujeres se considera crimen de guerra desde la revelación del Corán en el siglo VII. Sin embargo, en la actualidad ha sido aceptado como crimen de guerra tan sólo desde el 2001. En 1994, siete años después de que los soldados serbios hubiesen violado a unas cincuenta mil mujeres y niñas musulmanas, sólo tres soldados serbios fueron considerados culpables y sentenciados a prisión por el tribunal establecido en La Haya a tal efecto. Sólo después de la sentencia emitida por dicho tribunal, la comunidad internacional aceptó considerar la violación de mujeres por soldados enemigos como «crimen de guerra». Estas regulaciones relativas a la guerra fueron establecidas claramente por el Profeta hace siglos, y los musulmanes han sido llamados a acatarlas hasta hoy en día. (Para más información, véase Yaman 1998, p. 57).

Tomando en consideración los decretos básicos y las leyes que regulan las acciones que legítimamente pueden realizarse en tiempos de guerra, ¿cómo puede equipararse el yihad al terrorismo, cuyo fin es acabar con las vidas de los inocentes y que es un crimen contra la humanidad?

Al examinarlos de cerca y de acuerdo al marco de referencia islámico, los fundamentos reguladores de las relaciones interreligiosas han de basarse en el mutuo respeto y aceptación. El espacio sagrado de cada cual, junto a su particular modo de creencia y el derecho a adorar ha de concebirse como protegido ante todo tipo de ataques y violaciones. Este respeto mutuo animará a las religiones a «competir (tratar de conseguir más) en jayr (buenas obras)».

Jayr es un concepto de gran amplitud semántica. Alberga valores básicos tales como la belleza, la moralidad, la rectitud y la bondad. Es una llamada al diálogo, la cooperación, la ayuda mutua, la tolerancia y los esfuerzos concertados para alcanzar dicha meta. La situación alcanzada en la actualidad hace que sea imperativo el no hacer hincapié en las disputas interreligiosas, sino más bien en los sentimientos de responsabilidad compartidos ante los problemas comunes y en la mutua cooperación.

Referencias

- Abu Sulayman. *İslam'ın Uluslararası İlişkiler Kuramı*, Estambul: 1985. Traducido por Fehmi Koru. Publicado originalmente como *The Theory of International Relations in Islam*.
- Abu Zahra, Muhammad. *İslam'da Savaş Kavramı*, Estambul: 1976, Traducido por C. Karaağaçlı.
- ——. *Imam Ibn Taymiyya*, Estambul: İslamoğlu Yayınları.
- Peters, Rodolph. *İslam ve Sömürgecilik—Modern Zamanlarda Cihad Öğretisi*, Estambul: 1989. Traducido por S. Gündüz. Publicado originalmente como *Islam and Colonialism: The Doctrine of Jihad in Modern History*.
- Schact, Joseph. *İsl. n Hukukuna Giriş*, Ankara: 1977. Traducido por M. Dağ and A. Kadir Şener. Publicado originalmente como *A History of Islamic Legal Theories: An Introduction to Sunni Usul Al-Fiqh*.
- Yaman, Ahmet. *İslam Devletler Hukukuna Giriş*, Estambul: 1998.

TERRORISMO Y ARMAS QUÍMICAS USADAS CON FINES TERRORISTAS

Nevzat Tarhan

«La OMS (la Organización Mundial de la Salud) asignó 110 millones de dólares para exterminar un tipo de planta peculiar que crece en Sri Lanka. Los jóvenes que masticaban dicha planta mostraban síntomas de no experimentar miedo alguno a la muerte y se suicidaban con facilidad. Se están tomando las medidas necesarias para reducir el riesgo de propagación de dicha planta en el mundo». Se trata de una noticia bastante interesante publicada en 2003 por las agencias de información.

El hecho de que se llegase a la conclusión de que la Fluoxetina (Prozac), conocida como la medicina de la felicidad, desencadenaba tendencias suicidas en algunos pacientes armó un gran revuelo en el mundo de la psiquiatría. El año pasado, uno de los antidepresivos más fuertes, la Paroxetina (Serotat), fue prohibida en Inglaterra por haberse descubierto que poseía efectos suicidas similares. Su abuso por parte de los jóvenes fue asunto de debate entre los profesionales.

Todos estos eventos hacen que nos preguntemos si «estamos ante un nuevo peligro» relacionado con la ciencia de los psicofármacos. ¿Acaso estamos haciendo que la gente tenga el valor de matarse a sí misma gracias a la medicina? ¿Significa esto que quien se somete a dichos tratamientos se convierte en algo parecido a un robot? O, aún peor, ¿acaso la psicofarmacología se ha convertido en una ciencia susceptible de ser utilizada en actos terroristas?

Estos acontecimientos sugieren que no sería difícil convertir a un grupo de personas en terroristas suicidas. Habría que someterles a un programa de entrenamiento similar a los que se llevan a cabo en los campamentos militares, proporcionarles los fármacos que desencadenasen en ellos sentimientos de euforia, y luego los que les ayudasen a superar el miedo a la muerte.

Cuando se contemplan desde esta perspectiva los ataques terroristas perpetrados en los últimos años, como el del 11 de septiembre y los que acontecen en el Medio Oriente, empieza a cobrar sentido el argumento de que el terrorismo es sistemático y consiste en una serie de aconte-cimientos organizados amparados por poderosas organizaciones.

La enfermedad del soldado

Durante la Guerra civil Americana (1861-1865) y la guerra franco-prusiana (1870-1871), la morfina en forma de inyección fue ampliamente usada por los soldados como calmante. Fue usada para ayudar a los soldados a soportar el dolor causado por heridas y quemaduras y para ayudarles a relajarse. Sin embargo, cuando esos soldados eran dados de alta en los hospitales, padecían dolores de cabeza, escalofríos, nauseas, vómitos y calambres. Este fenómeno clínico era conocido como la «enfermedad del soldado». Más tarde, se descubrió que se trataba del síndrome de abstinencia que sufrían los soldados. Los soldados que habían sido tratados previamente con morfina sufrían el síndrome de abstinencia cuando se les dejaba de suministrar dicha morfina.

El descubrimiento del opio

Las sales hidroclorhídricas del opio se encuentran en una solución que se obtiene del tallo de la planta del opio. Se obtiene practicando un corte en la planta. Se solía fumar en pipa, masticar o ingerir, tanto en Europa como en el Extremo Oriente; y se trataba de una droga consumida comúnmente por la nobleza. En 1804, un farmacéutico francés llamado Seguin consiguió obtener unos cristales incoloros al extraer la morfina del opio. En 1812, otro farmacéutico alemán llamado Serturner analizó científicamente la sustancia y publico el resultado de sus análisis con el título de «Análisis del Opio». Llevó mucho esfuerzo transformar la morfina en una inyección, pero se consiguió finalmente en 1853.

Dicha sustancia, anunciada como medicina milagrosa y fármaco de la felicidad, usada como analgésico y sedante, fue bautizada en honor a Morfeo, dios del sueño de la mitología griega. Tomar morfina era como dejarse caer en los brazos de dicho dios. Este hábito era tan común que algunos ricos llevaban morfina en jeringuillas envueltas en pañuelos de seda listas para ser inyectadas cuando quisieran. Pichan advirtió de los efectos adictivos de la morfina en 1890 en su famoso libro titulado *Morfinismo*. En Turquía, Mazhar Osman publicó en 1934 un libro similar titulado *Keyif Veren Zehirler (Venenos Placenteros)*. Generalmente, la adición afectaba más a los profesionales de la salud. Finalmente, al quedar establecidos sus efectos nocivos, se abandonó su uso como calmante para los soldados en el campo de batalla.

No sería incorrecto decir que, hoy por hoy, el «éxtasis» está empezando a ocupar el lugar que antaño tuvo la morfina en la sociedad.

¿Existen actualmente fármacos suicidas?

Las drogas psicodélicas, o potenciadoras del lado espiritual del ser humano, fueron inicialmente definidas en 1954 como consistentes en LSD y mezcalina, adquiriendo luego gran influencia en la música moderna y en el arte.

Los aztecas usaban en sus rituales sustancias que contenían efectos psicodélicos y sedantes tal y como la mescalina, que se encuentra en un tipo de cactus de Centroamérica denominado peyote. Los indios americanos y aztecas, que ingerían las hojas del mencionado cactus para entrar en éxtasis, llamaban a ese cactus «planta divina». En 1895 se identificó la molécula original de la mescalina. Después de 1940 y utilizando la misma farmacología, también se descubrió el LSD (un alcaloide del cornezuelo del centeno) y la psilocibina. Se reprodujo el hongo azteca en estudios clínicos. La mescalina y otras sustancias del grupo del LSD producían sentimientos de júbilo extremo y una gran distorsión en la percepción de la distancia y la profundidad. La persona que se hallaba bajo el efecto de dichas drogas hablaba incesantemente del pasado y el futuro. Esas sustancias estimulaban los sentimientos religiosos y el sentido de la fuerza, brotando todo aquello que la persona hubiese reprimido a nivel subconsciente. Mientras los borrachos aún pueden tener hasta cierto punto algún autocontrol, los que se hallan bajo el efecto de las drogas psicodélicas lo revelan todo indiscriminadamente.

Por ello, algunas agencias como la CIA, utilizaron dichas sustancias en proyectos de cierta envergadura durante los sesenta. Posteriormente, el uso de dichas drogas fue prohibido.

El LSD como droga utilizada para los lavados de cerebro

El LSD fue descubierto el 19 de abril de 1943 por el Doctor Markus Hopmann en su laboratorio, al darse cuenta de que dicha sustancia había causado efectos extraños en él. Hopmann, anotó todas las transformaciones que sufrió debido al LSD, minuto a minuto. El LSD se extrae de un alcaloide del cornezuelo del centeno.

El LSD fue utilizado entre 1950 y 1966 por espías, servicios secretos y organizaciones criminales para acceder a la mente del «enemigo» y, si fuese necesario, cambiar sus pensamientos. Con la adopción del Convenio de Helsinki en 1964, se prohibieron dichos experimentos con seres humanos y las mencionadas actividades cesaron oficialmente.

El hecho de suministrar dichas sustancias a las personas poniéndolas en sus alimentos con el fin de observar sus comportamientos y recabar datos es científicamente inaceptable. Sin embargo, esos mismos medios pueden ser usados para lavar el cerebro de las personas en un entorno similar al de un campamento; ya que las drogas y la inculcación forman un poderoso equipo. Se podría incluso dirigir a las personas hacia metas específicas y convertirlas en terroristas suicida.

Existen otras sustancias que pueden ser empleadas por diferentes grupos a fin de hacerse con la lealtad de sus miembros; lo cual ayudaría a forzar a los «soldados» a ejecutar las acciones deseadas. Si se pudiese preparar a individuos para que sean terroristas suicidas administrándoles fármacos que potencien su valor y otras sustancias que eliminen el miedo a la muerte, los misiles militares más caros quedarían obsoletos.

Fármacos que potencian el valor y eliminan el miedo a la muerte

El «éxtasis» es una sustancia sintética ilegal científicamente conocida como MDMA (metilendioximetanfeta-mina). Es también llamada «droga de club» ya que es ampliamente consumida en los clubes nocturnos, pues proporciona un sentimiento artificial de alegría. Es contenido del éxtasis, de producción ilegal, se enriquece con cafeína, «jarabe de la inmortalidad» y cocaína para producir lo comúnmente conocido como «speed». Las anfetaminas pueden mantener a las personas hiperactivas y vigorosas durante horas. Extienden enormemente el tiempo de atención, haciendo que quien lo consuma se sienta fuerte y lleno de energía. Al contrario del LSD, las anfetaminas no distorsionan la percepción de la realidad. Asimismo, agotan las reservas del cerebro de serotonina, en la parte del cerebro relacionada con el sentimiento de felicidad (NIDA 2004). La autoestima y el valor descontrolado que las anfetaminas proporcionan a las personas les hacen sentir como si estuviesen en otro mundo. Para mantener dicha energía, la persona ansía dicha droga más y más. Si una persona alberga sentimientos de venganza y odio, esas drogas hacen aflorar dichos sentimientos y dirigen a la persona hacia su objetivo, aunque ello signifique el suicidio. Hoy por hoy, se están haciendo estudios en el campo de la psico-farmacología para investigar cómo estimular el área del cerebro responsable de los estados asociados al pánico y al miedo a la muerte.

Conclusión

Hace mil años, un grupo conocido como los «*Hashhishiyyun*» (los consumidores de adormidera) aterrorizaron a los líderes musulmanes, a los eruditos y a los gobiernos del mundo musulmán. Se lanzaban hacia su propia muerte sin temor alguno debido a las amapolas que consumían. Hoy, se puede lavar el cerebro de las personas con ayuda de agentes químicos modernos y dirigirlos hacia la ejecución de acciones determinadas.

Está al alcance de cualquier agencia, organización o estado que posea laboratorios químicos equipados con alta tecnología el hurgar en los pensamientos de un grupo de personas mediante el LSD; para luego alimentarles con una propaganda dirigida contra determinados objetivos. Esas personas pueden luego ser dirigidas —previa ingestión de éxtasis o anfetaminas— a llevar a cabo cualquier acto durante las siguientes ocho o diez horas.

Lo triste del asunto es que la paz mundial está en peligro y está siendo destruida, gracias a los avances de la ciencia.

Referencias

- Smith, K.M., Larivell Romanalli. *Club Drugs, Menthrlere Dioxy-metham-phetamine, Flunitrazapam, Ketamire Hydrochloride and Gamma Hidroxybutyrtae*, I. Health, Syst., 2002, Pharm, 59, 1067-1076.

- NIDA Forteens. *Fact on Drugs-Ecstasy*, www.teensdrugabuse. gov.2004.

- Dugiero G.Schifanorf, Forza G. Personality Dimensions and *Psychopathological Profiles of Ecstasy Users*, Hum Psychophar-malogical Clin Exp, 2001, 16:635-639.

- Köknel Ö. *Alkolden Eroine Kişilikten Kaçış*, Estambul: Altın Kitaplar, 1983.

- Tarhan, N. *Psikolojik Savaş*, Estambul: Timaş Yayınevi, 2002.

- F. al-Syed, *The Neurochemistry of Drugs of Abuse, Cocaine, Ibagaine, and Substituted Amphetamines*, Annals of the New York Academy Sciences, 1989, Vol. 844.

- Harvery J. and B. Kosofsky. *Cocaine, Effects on the Developing Brain*, Annals of the New York Academy of Sciences, 1998, Vol. 846.

- Sızıntı Araştırma Grubu: *Terörde Psikofarmakolojik*, Sızıntı, 2004, págs. 300, 595-597.

UNA DEFINICIÓN DE MARTIRIO ¿PUEDE UN TERRORISTA SER UN MÁRTIR?

Hikmet Yüceoğlu

P ara comprender y poder resolver problemas de cualquier índole, lo primero que ha de hacerse es identificar las causas que los han originado. Si no es así, todos los análisis, comentarios y soluciones estarán avocados al fracaso. Si una meta tan excelsa como el martirio es objeto de acciones improcedentes, se precisará una extensa evaluación de dicho asunto como base para nuestro análisis. Sin embargo, nuestro tema aquí no va a consistir en dicha evaluación, sino más bien en buscar respuestas respecto a qué lugar ocupa el martirio y quiénes son los mártires en el Islam.

Personas ideales

Hay cuatro tipos de personas ensalzadas por su modelo de conducta ideal en el Corán y en la Sunna, las dos fuentes básicas del Islam: el profeta, el *sidiq* (la persona sumamente veraz), el *shahid* (el mártir o testigo) y el *salih* (el justo) (An-Nisa 4:69). El primero de los anteriores es la cúspide del ascenso y la perfección que puede alcanzar la humanidad. Mas esa meta no puede ser alcanzada a través del esfuerzo o la inspiración, ya que es Dios mismo el que elige a la persona para ser enviada como profeta, y el que le dota de las virtudes necesarias a tal efecto. La vía hacia dicho logro ha sido cerrada para siempre tras el advenimiento del último de los profetas, Muhammad, sobre él sea la paz y la bendición. Tras él no habrá más profetas. Las otras tres categorías son la veracidad de corazón, el martirio y la rectitud.

El elemento principal del mártir es testificar la verdad en todos los aspectos de la vida y a través del comportamiento propio. Es más, el martirio conlleva la testificación de las verdades del *ghayb*, el mundo invisible, a través de una percepción interna similar a la que los demás seres humanos tienen al percibir el mundo físico. Es en ese sentido en el que el Corán utiliza las palabras *shahid* y *shahada* (martirio). Por lo tanto, llamar a los que han ofrecido sus vidas por la causa de Dios mártires o testigos es una metáfora. Son llamados «testigos» (mártires) porque dan fe de la verdad, verdad en la que creyeron tan profundamente que están dispuestos a arriesgar sus vidas para conseguirla.

A lo largo de la historia, el martirio siempre ha sido una de las más sublimes categorías a las que los musulmanes han aspirado. En determinados momentos, el martirio constituyó la fuente más importante de poder para llevar a los musulmanes hacia la victoria contra enemigos que eran físicamente más fuertes y más numerosos. Y en otros momentos, cuando los soldados musulmanes tuvieron dudas respecto a la consecución del martirio, la derrota fue el resultado final. Por ejemplo, el hecho de que el ejército de Timur fuese también musulmán hizo que los otomanos perdiesen una batalla en Ankara, puesto que los soldados otomanos creyeron que el martirio y convertirse en héroe de guerra (*ghazi*) eran irrealizables en dicha guerra (Gökbilgin 1977).

El martirio no se alcanza únicamente siendo matado por un soldado no musulmán durante la guerra; pues eso tampoco garantiza totalmente el martirio. La muerte a manos de un no musulmán puede ocurrir por diversas razones ajenas a la guerra. También los que mueren brutalmente a manos de un creyente o mueren ahogados, envenenados o por causas similares pueden convertirse en mártires. Por lo tanto, el martirio es un grado espiritual en el que la intención del individuo en cuestión constituye la esencia del asunto. Si ello no fuera así, los creyentes pedirían ser matados por no musulmanes en vez de desear el martirio de Dios. En el Islam, está prohibido desear la muerte. Los creyentes han de luchar y ganar la guerra, en vez de elegir morir. Sólo se convierten en mártires cuando caen muertos tras haber luchado todo lo posible por sobrevivir en el combate. Por consiguiente, aunque las intenciones de una persona sean alcanzar el martirio, si elige morir en vez de luchar por la causa de Dios, se puede considerar como un suicidio —cosa prohibida en el Islam—. De hecho, tanto el Profeta como muchos de sus compañeros tomaron precauciones contra la muerte, pues no la buscaban. Vestían armaduras y usaban escudos durante las batallas; también retrocedieron y cavaron trincheras cuando fue necesario. Es decir, que lucharon para sobrevivir y ganar la guerra. Morir en la guerra no es la meta de un musulmán; por lo que participar en una guerra para encontrar ese final puede significar un fracaso en la consecución del martirio.

¿A qué personas se las considera mártires?

Los mártires son aquellos que han seguido lo que Dios ha establecido para los creyentes, una vía que lleva a la bendición divina, y han muerto o han sido asesinados mientras luchaban para cumplir las exigencias de dicha vía; o bien son aquellos que han muerto mientras protegían los valores que Dios ha ordenado proteger. Dichas personas son dignas de elogio y merecen ser llamadas mártires.

La literatura musulmana menciona generalmente tres tipos de mártires: el mártir perfecto, el mártir de esta vida y el mártir de la próxima vida.

El mártir perfecto

El martirio perfecto es el que cumple las condiciones del martirio ante Dios y en el que se realiza un funeral propio del mártir. Durante el funeral del mártir perfecto 1) no se realiza la ablución ritual del cuerpo, 2) el cuerpo no se envuelve en un sudario 3) y no se realiza la oración fúnebre —aunque este último punto es motivo de discrepancia—. Se tienen que dar seis condiciones para que un mártir sea considerado «mártir perfecto»:

1) *Ser musulmán:* la exigencia básica es que el mártir sea creyente (musulmán). Está estipulado que los no musulmanes no se pueden beneficiar de las bendiciones espirituales proporcionadas por el Islam; y entre ellas se incluye el martirio.

2) *Ser responsable:* Según los principios del Islam, para ser responsable, la persona ha de estar mentalmente sana y haber alcanzado la pubertad. Por lo tanto, los niños y los enfermos mentales no pueden ser responsables, así que no pueden optar al «martirio perfecto». Esta es la opinión del Imam A'zam. Sin embargo, los eruditos que sostienen lo contrario son de la opinión de que «tanto los que han llegado a la pubertad como

los que no están en igualdad de condiciones respecto al martirio; ya que los que aún no han alcanzado la pubertad son considerados musulmanes, y si mueren luchando contra los infieles, habrán actuado como los que ya han alcanzado la pubertad; y es de justicia que sean tratados del mismo modo. De hecho, el trato dispensado por el Profeta a los mártires de Uhud apoya esta opinión, ya que hubieron bastantes jóvenes entre los mártires, como Hariz ibn Numan» (Zuhayli 3:105).

3) *Pureza:* El mártir ha de ser puro respecto a las denominadas impurezas canónicas. Según esta condición, los hombres que precisan de la ablución y las mujeres que se hallan en su período menstrual o en el posparto están excluidos de ser tratados en sus funerales como «mártires perfectos». Pero esta opinión es tan sólo del Imam A'zam. Otros juristas tales como Imam Muhammad, Abu Yusuf, Shafii, Ahmet ibn Hanbal y el Imam Malik sostienen que el martirio en sí limpia la impureza, por lo que no es necesario hacerle la ablución a la persona muerta en dichas circunstancias. Estos juristas apoyan su opinión en el caso de Hanzala, el cual luchó en la batalla de Uhud donde murió. Se había casado el día anterior y corrió hacia la batalla sin ni siquiera haber podido hacer la ablución (preceptiva tras el acto sexual). A pesar de que la esposa informó al Profeta de que aquél se hallaba canónicamente impuro al morir, el Profeta dijo que los ángeles le habían hecho la ablución, por lo que fue enterrado sin ablución (al igual que los demás mártires) (Ibn Abidin 3:514).

4) *No haber sido matado por una causa justa:* Los que no son matados por una causa justa, como el castigo legal por un crimen tal y como el qisas (el talión) son considerados «mártires perfectos».

5) *No ser murtas (herido al que se le aparta del campo de batalla):* Esta palabra significa literalmente «persona herida en una guerra y que ha sido transportada a otro lugar», e incluye aquellos que reciben tratamiento médico, comen, beben, duermen y mantienen conversaciones prolongadas, los que manifiestan sus últimas voluntades y acciones semejantes antes de morir.

Si todos estos actos mundanos suceden tras haber sido la persona herida mortalmente y transportada a otro lugar, a la persona se le considerará *murtas*. Si estos actos suceden en el lugar donde la persona ha sido herida, mientras la batalla se sigue librando, ello no influye en las condiciones para ser un «mártir perfecto». Los casos de Omar, Ali y Osman (el segundo, el cuarto y el tercer califa) son ejemplos perfectos de esta situación. Omar y Ali fueron trasladados a otro lugar tras haber sido heridos mortalmente, por lo que se les hizo la ablución a sus cuerpos. Mientras que a Osman, que murió donde fue herido, no se le hizo la ablución y fue sujeto a los procedimientos seguidos con los «mártires perfectos».

6) *Más allá del ámbito del precio de la sangre:* Según la ley musulmana, el asesinato se castiga con el *qisas*, o ley del talión. Sin embargo, si el homicidio acontece de modo no intencionado o por error el *qisas* no se aplica. Por ejemplo, si el acto se comete en una ciudad a la luz del día debido a una patada espontánea o por haber golpeado con un arma o instrumento no diseñado para matar, como por ejemplo un látigo (pues el uso de dicho instrumento hace dudar sobre la intención de matar), no se permite ejecutar el talión. En resumen, según la ley musulmana, las víctimas de un asesinato (cuando al asesino se le sentencia al talión) son consideradas mártires; mientras que los que han sido matados de otro modo (de tal modo que no se puede aplicar el talión) no se consideran mártires (al-Kasani 1:321). Los que mueren mientras luchan contra no musulmanes, malhechores y rebeldes son considerados mártires, sin importar el modo en que mueran. Los que no cumplan algunas de las mencionadas condiciones no recibirán el trato de «mártir perfecto» durante sus funerales (Yüce, 32-36).

El creyente que no es matado por una causa justa está sometido a las reglas del «mártir perfecto». En el campo de batalla, al igual que los que caen luchando cara a cara contra el enemigo son mártires, también lo son los que se disparan a sí mismos por accidente con sus propias armas, los que son disparados por un compañero, los que caen del caballo y son golpeados por el mismo, los que son pisoteados por los cascos de los caballos tanto de musulmanes como de no musulmanes, los que son alcanzados por una flecha perdida o cualquiera que sea encontrado muerto al final de la batalla por razones desconocidas (aunque no presente herida alguna) y son enterrados con los rituales funerarios propios de los mártires. Las armas y dotaciones del pasado tal y como los caballos, las flechas, etc. arriba mencionadas pueden ser sustituidas por las actuales aplicándose las mismas reglas.

Los que mueren durante el ataque enemigo a un poblado, los que son asesinados por bandidos, los que son asesinados mientras abastecen de servicios secundarios, los que mueren durante un ataque perpetrado contra sus viviendas o sus lugares de trabajo o el que es asesinado intencionadamente por su propio padre, son también mártires (Sarahsi 2, 52). Si un grupo le hace la guerra a otro, aun a sabiendas de que el otro grupo es musulmán, los que mueren en el bando de los que se defienden son mártires. Ello es así ya que los que mueren en el bando de los que se defienden han muerto protegiéndose a sí mismos y a la comunidad musulmana (al-Ayni 3: 307). De esto se desprende que los que mueren en el bando atacante no son considerados mártires, sino crueles pecadores.

El mártir de esta vida

Los que caen en la lucha contra el enemigo y reciben el trato de «mártires perfectos» en sus funerales, pero que en realidad no lo son ni serán recompensados con las bendiciones del martirio, son denominados «mártires de esta vida». En este grupo se incluyen los que mueren mientras desertan o saquean[56], aquellos cuya verdadera intención no es cumplir la voluntad de Dios, sino lucirse o vengarse, los que luchan por ideologías que contradicen los principios del Islam, tal y como el racismo, o los que luchan para hacerse con bienes terrenales (Zuhayli 2: 560). Al ser muy difícil o imposible conocer dichos sentimientos íntimos, los arriba mencionados reciben el trato de mártires en esta vida. Mas su situación en la próxima vida es descrita por el Profeta de la siguiente manera: «La primera persona en ser juzgada de modo desfavorable el Día del Juicio Final será el falso mártir. Se le traerá y se le mostrará la recompensa que se hubiese merecido, y la cual él reconocerá.

---

56   Muslim, *Iman*, 182.

Luego, Dios le preguntará "¿Qué has hecho para merecer dicha recompensa?". Él responderá: "He combatido por Tu causa hasta caer mártir". Entonces Dios responderá: "¡Mientes! Has combatido para que la gente diga: "¡Qué hombre más valiente!". Y así han hecho en esta vida (por lo que ya has recibido lo que buscabas y ya has sido pagado)". Acto seguido, se ordenará que dicha persona sea arrastrada al fuego del infierno sobre su rostro»[57].

En otro hadith se usan las siguientes expresiones (para describir la condición de «los mártires de esta vida» en la otra vida): Se le preguntó al Profeta qué le pasará a los que combatiesen para adquirir riquezas o fama debido a su valentía o a los que combatiesen por racismo o fanatismo y aun así considerasen que habían combatido por la causa de Dios. Y respondió: «Los que combatan para glorificar la palabra de Dios habrán combatido por la causa de Dios»[58]. Ha de quedar claro que la intención esencial es la de ganarse la aprobación divina y glorificar la religión de Dios. Quien trabaje en dicha dirección puede combatir por otras causas que sirvan al mismo propósito. En dicho caso, cuando se le mata, sigue siendo un mártir. Sin embargo, eso precisa de un compromiso muy sensible con la intención y los sentimientos del corazón y una gran atención a la meta subyacente.

Una vez, el Profeta preguntó: «¿A quién llamáis mártir entre vosotros?». La gente respondió: «A los que son matados con un arma». Y él replicó: «Muchos hay que son matados con armas y no son mártires; y muchos hay que mueren en sus lechos y son recompensados con las bendiciones propias de los siddiqs (los sumamente veraces) y de los mártires» (al-Isfahani 8:251). En otro hadith en el que el Profeta hace referencia al daño que causan los malos hábitos dice: «Los que constantemente lanzan imprecaciones a los que les rodean no se les concederá la *shafaa'* (intercesión) ni se les considerará mártires»[59]. Hay gente que se dice trabajar por la causa de valores sagrados y no están satisfechos con las imprecaciones que lanzan contra los que piensan de modo diferente a ellos o no les apoyan; incluso les acusan de ser infieles o paganos. No obstante, el peligro de ese enfoque es evidente.

---

57   Muslim, *Imarat*, 152; Nasai, *Yihad*, 22.
58   Bujari, *Yihad*, 15; Muslim, *Imarat*, 149-151.
59   Muslim, *Birr*, 85, 86; Abu Dawud, *Adab*, 45.

Cuando un creyente es acusado de ser un infiel, es de hecho el acusador quien realmente es el infiel[60]. El Corán dice:

> Cuando acudáis a combatir por Dios, cuidado no digáis al primero
> que os salude: «¡Tú no eres creyente!» (4:94).

Considerando que se trata de un verso que prohíbe matar a quien indique con su saludo que es musulmán, el asesinar a musulmanes (junto a no musulmanes) en ataques suicidas sin prestar consideración alguna no precisa ni que se discuta.

El mártir de la vida en el más allá

Son los que mueren en la vía del «mártir perfecto»; pero no cumplen una de las seis condiciones arriba mencionadas. No se les contempla como «mártires de esta vida», sino que se les considera mártires «de la otra vida». Se incluyen también en esta categoría a los que fueron llamados mártires por el Profeta y los que murieron sin ser matados. El Profeta y Abu Bakr pertenecen a esta categoría, ya que el veneno que ingirieron en Jaybar tuvo efecto. Omar y Ali son también mártires de la otra vida ya que fueron trasladados a un lugar diferente de donde fueron heridos (lo cual no les capacita para ser mártires perfectos). Hay constancia de que la cima de esta categoría de martirio —con excepción del Profeta— la detenta Omar[61].

Al mártir de la otra vida se le proporciona un funeral según los ritos comunes. Lo que significa que se les hace la ablución, se les envuelve en un sudario y se realiza la oración fúnebre. En esto no hay discrepancia entre los entendidos. Sin embargo, en la próxima vida, se les concederá la recompensa de los mártires y serán tratados como tal. El Profeta se ha referido en numerosas ocasiones a los que son considerados mártires entre los musulmanes. Y a pesar de que se mencionan distinciones entre los «mártires de esta vida» y los «mártires de la otra vida», las observaciones efectuadas por el Profeta han dado pie a la diferenciación realizada con posterioridad por los eruditos.

Al examinar los hadices referentes a los mártires de la otra vida, a los que no se les concede rituales funerarios propios del mártir, se puede

---

60   Bujari, *Adab*, 44.
61   Imam Malik, *Muwatta*, «Yihad,» 36.

apreciar que dicho grupo incluye a los mártires arriba descritos y a otros
que se les considera legalmente mártires. Estos últimos son descritos
muriendo como consecuencia de una enfermedad grave, una muerte
inminente o inevitable, una muerte que conlleva gran dolor y sufrimiento,
una muerte por accidente, combatiendo contra la tiranía, por adherirse
con piedad a la religión o por estar privado de algunos de los bienes de
esta vida. Dios, que acepta cada una de las dificultades que el creyente
padece como compensación de sus faltas, concede la recompensa del
martirio a los que sufren un dolor que culmina con la muerte. Esto es lo
que se espera de Su misericordia. Dios Todopoderoso, por medio de su
infinita misericordia, desea perdonar los pecados de Sus siervos musulmanes
y elevar sus grados haciéndoles merecedores del Paraíso y Su presencia.
Para ello ha creado vías; y nos ha informado respecto a las mismas por
boca del Profeta de la Misericordia, Muhammad, sobre él sean la paz y las
bendiciones.

Ataques suicidas

En base a la información proporcionada con anterioridad respecto al
martirio, podemos ahora concentrarnos en nuestro tema: el terrorismo,
los ataques suicidas y su relación con el martirio.

En función de las prácticas de las que ha quedado constancia a lo
largo de la historia del Islam[62], los juristas musulmanes han emitido
fatwas (pronunciamientos legales) a tal efecto:

> Está permitido que una persona se lance contra un grupo de enemigos
> o atacarles siempre y cuando tenga la esperanza de salir sano y salvo
> de ello, o —si no existe dicha esperanza— cuando vaya a infligir
> daño al enemigo, desmoralizarle, para animar a sus propios
> combatientes, debido a un extraordinario poder que sienta en
> dicho momento o cuando se trate de un cautivo que tema revelar
> una información secreta (Al-Shaibani 4:15-12).

Un examen cuidadoso de dicha *fatwa* revela que se deben de dar
tres condiciones principales para que el martirio sea válido en dichas
circunstancias:

---

62   Ver Bujari, *Yihad*, 12; Muslim, *Imarat*, 145; Ibn Azir, 1:206; Ibn Jayar, 1:144.

1) La situación en la que se encuentre el mártir ha de ser una situación de guerra. Se precisa la presencia de dos ejércitos rivales, en el que los combatientes se hayan preparado y reunido para luchar.

2) No es totalmente cierto que el atacante vaya a morir.

3) La muerte ha de ser ocasionada por el otro bando.

La pretensión de efectividad

Los que contemplan los ataques suicidas como algo permitido pretenden que no existe alternativa alguna. Aducen que el bando opuesto tiene ventajas incomparables en cuestión de armas, efectivos, apoyo logístico, prestaciones, entrenamiento militar y que les apoyan los medios de comunicación. Por lo tanto, afirman que no existe alternativa alguna a los ataques suicidas. Esta línea de pensamiento conlleva dos asuntos:

1) No se realiza distinción alguna entre la meta y los medios para conseguirla, se tiende a confundir ambos. Para el creyente, tanto la meta como los medios que lleven a la misma han de ser legítimos y no se pueden confundir. Al ser la meta última el agradar a Dios, el deseo de conseguirlo a cualquier precio no debe suplantar dicho propósito.

2) Si se permitiese la utilización de cualquier medio al precio que sea, siempre que lleve a la meta, se abriría la puerta de otras actividades ilegales e inhumanas tales como el empleo de la drogadicción o la prostitución entre grupos rivales para destruir su salud mental y moral, la manipulación de la ciencia para crear medicinas dañinas en vez de beneficiosas, el maltrato de los pacientes en los hospitales y el asesinato de los mismos de un modo u otro a fin de ahorrar recursos. Sin embargo, la religión y los profetas enviados para conducir a la gente hacia la felicidad en esta vida y en la próxima, nunca han usado métodos inhumanos ni han aprobado acciones como las mencionadas. El martirio sólo se alcanza cuando los principios de la religión son respetados; no puede alcanzarse por medio de la venganza y el odio. Los métodos que los musulmanes empleen han de ser tan rigurosos como sus propósitos.

Además, los musulmanes no pueden transgredir los límites ni siquiera en tiempos de guerra: *Combatid por Dios contra quienes combatan contra vosotros, pero no cometáis transgresiones. Dios no ama a los que cometen transgresiones* (2:190). Sayyid Qutb explica brevemente este versículo así:

> Pueden considerarse como transgresiones el tener como objetivo a mujeres, niños, ancianos, miembros del clero de cualquier religión que se hayan dedicado al culto o personas inofensivas y fidedignas que no participen en la guerra y que no constituyan un peligro para el esfuerzo realizado en la propagación del Islam o para la comunidad musulmana. Las transgresiones también pueden entenderse como la violación de las reglas de la guerra según las ha estipulado el Islam. De hecho, el Islam ha establecido reglas para la guerra a fin de minimizar las crueldades perpetradas antaño durante las guerras de la *yahiliyya* (ignorancia) y en la actualidad y para poner fin al salvajismo. Estas son las crueldades odiadas por la sensibilidad musulmana y que repugnan a la piedad musulmana.

Tras resumir las prácticas del Profeta y sus compañeros, Sayyid Qutb finaliza su comentario de la siguiente manera:

> Los musulmanes sabían que no habían vencido en las guerras debido a su superioridad numérica, ya que eran menos. También sabían que su victoria no era debida a su superioridad armamentística, ya que tenían menos armas y suministros que su enemigo. Lograron la victoria gracias a su fe y devoción a Dios y gracias a la ayuda que Dios les concedió. Por lo tanto, si hubiesen obrado de modo diferente a cómo Dios y Su Profeta les habían ordenado, se habrían privado del único medio para alcanzar la victoria. Por eso seguían estrictamente las reglas de la guerra arriba mencionadas, incluso ante enemigos que les hacían sufrir agonías insoportables y que habían asesinado a sus amigos sometiéndoles a torturas indescriptibles (Qutb, comentarios al versículo 2:290).

Tipos de ataques suicidas

Al examinar los ataques suicida perpetrados alrededor del mundo, podemos apreciar que han ocurrido de dos maneras:

1) Ataques suicidas llevados a cabo sistemáticamente y con resolución por personas pertenecientes a los ejércitos de dos países enemigos que están en guerra. Este tipo de ataque puede subdividirse de dos maneras:

a) El ataque de una persona o grupo contra un grupo enemigo considerable o contra cuarteles con armamento tal y como aviones, tanques, granadas de mano, etc. Los ejemplos extraídos de la historia del Islam indican que las personas que llevan a cabo dichos ataques son mártires si mueren en el intento. Sin embargo, siempre existe la posibilidad de que el atacante sobreviva a dichas operaciones.

b) Una persona o grupo de personas fija explosivos a sus cuerpos o cargan con los mismos un vehículo, para luego lanzarse contra un grupo de soldados enemigos o contra una fortaleza enemiga haciendo explotar dichas cargas. Dichos ataques sólo pueden ser permitidos bajo circunstancias muy limitadas establecidas por juristas musulmanes, y sólo son concebibles en tiempos de guerra. Fuera de esos casos, dichos ataques son incomprensibles, repugnantes y han de ser condenados. Algunos ataques son llevados a cabo en países que ni siquiera están en guerra, países que permiten al atacante entrar en su territorio, con o sin visado, países que permiten a los ciudadanos de otros países trabajar, estudiar, · residir, abrir negocios, casarse y —en algunos casos— adquirir la nacionalidad. En este caso, el país en el que acontece el ataque toma a ambos bandos bajo su protección, permitiendo que ambos entren y residan ahí. La violación de esta garantía implica el haber traicionado el visado emitido (según la terminología de los juristas musulmanes, constituye una traición al asilo, al refugio y al derecho de la libre circulación), lo cual está prohibido. Ibn Hajar Hayzami considera que el asesinato de la persona con quien se ha cerrado es un pacto es un pecado grave (Az-Zawajir 2:153).

2) Estos ataques dirigidos contra extranjeros o contra ciudadanos o soldados del país contra el que el atacante está en guerra o de un invasor no están permitidos ni son comprensibles. A los

perpetradores no se les puede denominar mártires. Es más, la persona que lleva a cabo dicho ataque es también culpable de: a) matar a gente inocente, b) traicionar y perjudicar al estado que ha emitido el visado, c) traumatizar a la gente y crear daños psicológicos, d) infligir daños a las propiedades de gente inocente, e) si el perpetrador es un musulmán, empañar la imagen del Islam, f) humillar internacionalmente al país de quienes son súbditos, g) hacer sufrir a sus familias, h) probablemente ayudar a una organización criminal internacional, i) si el atacante es un musulmán, hacer felices a los enemigos del Islam ....y, finalmente, j) ser responsable de un crimen imperdonable. La grave responsabilidad por cometer suicidio y matar a inocentes (musulmanes y no musulmanes) desde el punto de vista de la religión está más allá del ámbito de este libro.

Conclusión

Ha quedado claro en el marco de los principios arriba mencionados que no existe lugar alguno en el Islam para los ataques suicidas, y que han de ser eliminadas las condiciones que dan lugar a dichos ataques.

Terrorismo y Ataques Suicidas: Una Perspectiva Islámica

Referencias

- Gökbilgin, M. Tayyip. *Osmanlı Müesseseleri, Teşkilatı ve Medeniyeti Tarihine Genel Bakış*, Estambul: 1977

- Az-Zuhayli, Vehbi. *İslam Fıkhı Ansiklopedisi*. Ibn Abidin, *Redd al-Muhtar*; Shatibi, *Mawkufat*; Al-Kasani, *Badayi as-Sanayi*; Al-Ayni, *Al-Binaya*;

- Yüce, A. *Şehitlik ve Şehitlerin Hayatı*, Estambul: 2001

- Sarahsi, *Al-Mabsut*; Mansur Ali Nasıf, *Gayat al-Ma'mul Sharhu at-Taj al-Jaim al-Usul*.

- Qutb, Sayyid, *Fi zilal al-Qur'an* [In the Shade of Qur'an];

- Naim A. *Miras K. Tecrid Tercümesi*

- Al-Isfahani, *Hilya al-Awliya*; Ibn Azir, *Usd al-Gabe*; Ibn Hajar, *Al-Isaba*, I, 144.

- Ash-Shaibani, Muhammad. *Seerah al-Kabir*, (con comentarios); Al-Jassas, *Ahkam al-Qur'an*.

LOS ATAQUES SUICIDAS
Y EL ISLAM

Ergün Çapan

Antes de empezar a analizar los ataques suicidas, hay dos asuntos a tratar. Según el Islam, los seres humanos son seres superiores por el hecho de ser humanos. El Corán expresa este principio así: *Hemos honrado a los hijos de Adán* (17:70). Por lo tanto, independientemente de que la persona sea hombre o mujer, mayor o joven, blanca o negra, todos los seres humanos son venerables, inviolables y están protegidos. El Islam tiene en gran consideración la vida humana. Muchos versículos del Corán y hadices ordenan que los cinco valores principales[63], conocidos como los *«Zaruriyat al-Jamsa»* (las cinco condiciones indispensables), sean protegidos. Estas condiciones son: la vida, la religión, la descendencia, la mente y la propiedad. Por consiguiente, la vida humana no ha de ser violada, el honor no puede ser mancillado y la propiedad no puede ser confiscada. La gente no puede ser expulsada de sus hogares y tierras, no pueden ser privados de libertad y no pueden ser privados de su derecho a practicar su religión. Al contemplar el Islam a cada ser humano como poseedor del valor de toda la especie, matar a un ser humano equivale a haber matado a toda la humanidad; y, consecuentemente, salvar a un ser humano equivale a haber salvado a toda la humanidad (5:32).

No existe entidad ni institución para los derechos humanos ni religión o sistema de creencias en el que el ser humano esté tan altamente considerado como en el Islam. En el Islam esta incluso prohibido cometer un crimen contra uno mismo, por lo que quitarse la vida que Dios nos ha concedido está prohibido. Del mismo modo que nadie puede quitarle la vida a otra persona, nadie puede acabar con la suya propia: el suicidio no está permitido en el Islam. El Islam prohíbe categóricamente el suicidio. El Sagrado Corán prohíbe el suicidio (4:29) y el Profeta ha declarado en varios hadices que el suicidio es ilícito en el Islam[64].

La paz es esencial en el Islam

Islam significa paz, seguridad y fortaleza. El musulmán que cree y practica esta religión es una persona que inspira confianza a todos y a todo. Una persona así no hace daño a nadie ni verbal ni físicamente. De hecho, el Islam está en guerra contra el tumulto, la agitación, la discordia, la tiranía y el terrorismo. Según figura en numerosos versículos[65] del Corán y en hadices[66], la paz es esencial en el Islam y la guerra es considerada como *arizi*, secundaria, antinatural o accidental. La conducta de los musulmanes respecto a los demás ha de estar basada también en la paz. En una religión en que la seguridad y la paz mundial es lo primordial, la guerra y la discordia son secundarias. Esto es igual a la lucha que lleva a cabo el cuerpo contra los gérmenes que le atacan. El Islam, en principio, no tolera la guerra, a pesar de que existan estrictas reglas de cómo llevarla a cabo y a pesar de que constituya una realidad humana y uno de los hechos más destacados de la historia de la humanidad. En el Islam, la guerra está restringida a la defensa. En el marco del principio mencionado en el Corán así: *el tumulto y la opresión son peores que matar* (2:191), la guerra está únicamente justificada para prevenir el caos (que lleva a la guerra), la anarquía, la tiranía y el derrotismo[67]. Con el Corán, la guerra es sometida a una serie de restricciones y principios por primera vez en la historia de la humanidad (Gülen 2004, 238; Yazır 1979, 2:692).

El Islam ha establecido reglas para contrarrestar las guerras. El Islam considera la justicia y la paz global un principio en virtud de lo siguiente:

> ¡Creyentes! ¡Sed íntegros ante Dios cuando depongáis con equidad! ¡Que el odio a una gente no os incite a obrar injustamente!

---

64   Bujari, *Yanaiz*, 84; Muslim, *Iman*, 175.
65   Muhammad 47:4; Al-Baqara 2:208; An-Nisa 4:90, 94; Al-Mumtahana 60:8.Ver Yazir, 1979, 4:2424. Zuhayli, Asar al-Harb, p.133-136.
66   Bujari, *Yihad*, 112, Muslim, *Yihad*, 19; Abu Dawud, *Yihad*, 89.
67   Sarahsi, *al-Mabsut*, 10:5; Zuhayli, *Asar al-Harb*, 90-94.

> ¡Sed justos! Esto es lo más próximo al temor de Dios. ¡Y temed a
> Dios! Dios está bien informado de lo que hacéis (5:8).

Junto a estos principios fundamentales, el Islam reconoce que todo creyente tiene derecho a proteger su religión, vida, propiedad, descendencia, honor y valores sagrados. Tanto es así que morir en defensa de dichos derechos es considerado martirio. El mensajero de Dios ha dicho que quien muera defendiendo su propiedad muere mártir; quien muera defendiendo su vida muere mártir, quien muera defendiendo a sus familiares muere mártir, y quien muera luchando por su hogar y familia muere mártir[68].

Tras haber contemplado el asunto desde esta perspectiva general, nos gustaría ahora concentrarnos en los ataques suicidas. Los ataques suicidas deberían de dividirse en dos grupos: los cometidos en tiempos de paz y los cometidos en tiempos de guerra.

Ataques suicidas en tiempos de paz

Primero hay que dejar claro que no sería correcto aplicar las leyes pertinentes a los tiempos de guerra —estado que el Islam contempla como *arizi*, innatural, secundario, o accidental— a los tiempos de paz. Las leyes de la guerra solo pueden ser aplicadas en tiempos de guerra y bajo condiciones bélicas. En tiempos de paz y vida civil, el Islam exige un mayor nivel moral y religioso a cada musulmán y exige que todo el mundo sea tratado con misericordia y compasión. El Islam lucha para establecer la paz y la seguridad en la sociedad[69]. Por lo tanto, no es posible que el Islam justifique la perpetración de ataques suicidas en tiempos de paz en cualquier país y contra ningún objetivo, ya sea civil o militar, ya que dichos ataques acabarían con las vidas de personas inocentes.

El Corán, que ordena que todas las personas y criaturas sean tratadas con misericordia y compasión, iguala el asesinato de una persona al asesinato de toda la humanidad (5:32). De hecho, tal y como ya ha sido mencionado, desde el punto de vista del Islam, matar injustamente a un ser humano es tan grave como matar a toda la humanidad. Ello es así ya que la muerte injusta de una persona implica la posibilidad de

---

68   Tirmizi, *Diyat*, 21; Bujari, *Mazalim*, 33; Muslim, *Iman*, 222.
69   See Al-Mumtahana 60:8; Al-Jathiya, 45:14.

que cualquier persona sea matada indiscriminadamente y hace que se pierda el respeto al derecho a la vida de toda la humanidad. La persona que comete dicho crimen comete algo terrible al matar a un ser humano, una criatura altamente apreciada por Dios. Por lo tanto, el que salvajemente mata a otra persona, se hace merecedor de la ira y la furia divinas, y debe ser castigado en el más allá como si hubiese matado a toda la humanidad.

El Corán no demanda castigo más duro que el que exige para el que mata intencionalmente a una persona inocente. La declaración y el castigo son aterradores:

> Y quien mate a un creyente premeditadamente, tendrá el infierno
> como retribución eternamente. Dios se irritará con él, le maldecirá
> y le preparará un castigo terrible (4:93).

El castigo para el asesinato intencionado de un creyente es el fuego eterno del infierno, a no ser que Dios conceda Su perdón. Ibn Abbas y otros eruditos han interpretado dicho versículo aduciendo que el arrepentimiento de los que hayan asesinado a un creyente intencionadamente será denegado, por lo que serán condenados al fuego del infierno[70]. Este comentario, realizado por una de las más eminentes figuras en el campo del *tafsir* (comentario coránico) merece ser cuidadosamente considerado.

El versículo manifiesta que, además de recibir los que matan intencionadamente a un creyente el castigo del fuego del infierno, también incurrirán en la ira y la maldición de Dios. Habrá dispuesto para ellos un tormento aterrador. Es importante destacar que no existe en todo el Corán amenaza más dura que ésta. El asesinato del inocente se menciona junto al *shirk* (atribuir un asociado a Dios, el único pecado mayor que carece de perdón) (Al-Furqan 25:68; Al-An'am, 6:151). El hecho de colocar juntos estos dos pecados ilustra la gravedad del asunto.

No se pueden usar fuentes islámicas para aprobar actos que acaban con la vida humana. Ningún musulmán consciente que posea los atributos de fe e Islam (sumisión a Dios) puede cometer semejante acto.

---

70   Tabari, *Yami' al-Bayan*, 4:295; Ibn al-Kazir, *Tafsir al-Qur'an al-Azim*, 2:332.

Ataques suicidas en tiempos de guerra

Hemos bosquejado brevemente la actitud general del Islam respecto a los ataques suicidas en tiempos de paz. Ahora vamos a analizar los ataques contra civiles e inocentes en situaciones en que los musulmanes están capacitados para luchar por sus vidas, sus valores sagrados y sus patrias desde una perspectiva islámica.

No se puede matar a los «no combatientes» en tiempos de guerra

Todo musulmán ha de vivir su vida de acuerdo con los principios del mensaje que Dios Todopoderoso ha revelado en el Corán. Los musulmanes han de estructurar cada aspecto de sus vidas, desde el ámbito religioso al de la conducta social y las emociones, de acuerdo con las pautas establecidas por la divinidad. Por lo tanto, también han de ceñirse a dichas pautas cuando combaten para defender sus derechos. La realidad de la guerra no justifica la violación de los principios y doctrinas del Islam. Incluso en situación de guerra, el Islam no acepta que se mate a no combatientes tales como ancianos, mujeres o niños, los cuales no son considerados «combatientes». Este enfoque, hoy considerado como incluido en «las normas del combate» constituye un principio original cedido al derecho bélico por el Islam.

Como principio general, en caso de Guerra, los «no combatientes» no deben de ser matados, según consta en el Corán:

> Combatid por Dios contra quienes combatan contra vosotros (los responsables y capacitados para combatir que participen activamente en el combate), pero no os excedáis. Dios no ama a los que se exceden (2:190).

La cláusula «quienes combatan contra vosotros» en el original es de extrema importancia. Para explicarlo de modo gramatical, el modo en árabe implica «participación», lo cual significa: «los que tienen la categoría de combatientes». Por lo tanto, los no combatientes no han de ser atacados.

La «prohibición de matar a los no combatientes» que se desprende de este versículo, ha sido ilustrada por el Profeta tanto verbal como en la práctica, y existen numerosos hadices al respecto[71]. No obstante, sólo narraremos unos pocos para aclarar este asunto:

En una expedición (*ghazwa*) se encontró el cadáver de una mujer. El Mensajero de Dios condenó dicho comportamiento diciendo: «Pero si esta mujer no era un guerrero, ¿por qué se ha sido matada?»[72]. Acto seguido prohibió que se matase a las mujeres y a los niños[73].

Además, el Mensajero de Dios solía advertir a los generales y a las tropas enviadas a expediciones militares: «Combatid en el camino de Dios, combatid por Dios. Ceñíros a los pactos que hagáis entre vosotros y vuestros enemigos, si los hay. No os propaséis. No cometáis *musla* (mutilación de los cadáveres, o sea: no amputéis orejas, narices, etc. En otras palabras: no cometáis actos humillantes para la dignidad humana). No matéis a los niños, las mujeres, los ancianos y los que se refugian en los lugares de culto»[74].

Tras el Profeta, los Califas Rectamente Guiados (los cuatro primeros califas) siguieron estas normas con esmero, respetándolas meticulosamente. Desde entonces, la mayor parte de los Jefes de Estado musulmanes han recordado a sus generales dichos principios al enviarles al frente, impartiendo órdenes que han sido fielmente seguidas a lo largo de la historia:

> Nunca apartes el temor de Dios de tu corazón. Nunca olvides que sin el *tawfiq* (guía y asistencia divina) de Dios no puedes hacer nada. Recuerda siempre que el Islam es la religión del amor y la paz. El valor, el coraje y la taqwa (temor de Dios, piedad) del Mensajero de Dios han de ser tu modelo. No pisotees los campos arados ni los jardines frutales. Muestra respeto a los sacerdotes y monjes que viven en lugares de culto y que se han entregado a Dios, y no les causes daño. No mates a los civiles, no ofendas a las mujeres y no trates a los derrotados de modo humillante. No aceptes regalos de los lugareños, ni acomodes a los soldados en sus casas. Nunca te saltes ninguna de tus cinco oraciones diarias. Teme

71   Ver Tahawi, *Sharh al-Maan al-Asar*, 3:224-225; Tahanawi, *I'la as-Sunan*, 12:29.
72   Abu Dawud, *Yihad*, 111.
73   Bujari, *Yihad*, 147; Muslim, *Yihad*, 25.
74   Tahanawi, *I'la as-Sunan*, 12:31-32; Ahmad ibn Hanbal, *Musnad*, 1:300; Abu Dawud, *Yihad*, 82 Ahmad ibn Hanbal, *Musnad* 1:300; Bayjaki, *Sunan al-Kubra*, 9:90.

a Dios y no olvides que la muerte te puede sobrevenir en cualquier momento, incluso aunque estés a miles de millas lejos del frente. Permanece siempre preparado para la muerte (Gülen, 2004, 238).

Los juristas musulmanes han acordado por consenso que está prohibido en el Islam matar a mujeres no combatientes, niños, ancianos, monjes, personas piadosas recluidas en monasterios y dedicadas a la adoración, invidentes y minusválidos[75].

En el mencionado versículo (2:190) el Corán ordena a los musulmanes que no se excedan. «Excederse» se define según los comentarios del Profeta de dos maneras: una, «matar a no combatientes», y dos, «tratar de modo degradante a los vencidos». El Mensajero de Dios prohibió la mutilación de los muertos en la guerra[76]. También prohibió matar por medio del *sabran* (atar a una persona viva y usarla de blanco para practicar con distintos tipos de armas hasta matarla)[77]. Si prohibió practicarlo con animales, para que hablar de las personas[78].

Además, el Mensajero mencionó el hecho de que los musulmanes están obligados a comportarse de modo digno, incluso luchando contra el enemigo: «Los que luchan de buena manera (tomando en consideración los valores éticos) son creyentes»[79].

El Islam posee incluso regulaciones para degollar a un animal, por lo que no es de extrañar que prohíba los excesos cuando los seres humanos luchen entre ellos. A lo largo de siglos, los musulmanes han estado rigiéndose por las regulaciones éticas al degollar animales durante los sacrificios rituales y en otras ocasiones. Por ejemplo, el maltrato de animales y el afilado de cuchillos ante ellos están prohibidos por un hadiz[80].

En resumen, desde la perspectiva de los anteriores criterios, se puede percibir claramente que los ataques suicidas actuales, los cuales acaban con las vidas de cientos de personas, no están de acuerdo con los principios éticos del Islam.

---

75 Tahawi, *Muhtasar al-Ijtilaf al-Fuqaha*, 3:455-456.
76 Bujari, *Mazalim*, 30; Abu Dawud, *Yihad*, 110.14
77 Muslim, *Sayd*, 58-60; Ibn Maya, *Zabaih* 10.Ver Yazır, 2:694.
78 Abu Dawud, *Yihad*, 120; Darimi, *Adahi*, 13.
79 Abu Dawud, *Yihad*, 110; Ibn Maya, *Diyat*, 30.
80 Abu Dawud, *Adahi*, 12; Tirmizl, *Diyat*, 14.

Los objetivos civiles no pueden ser atacados

Matar a personas inocentes en las guerras contradice totalmente los principios del Islam. Nunca durante los tiempos del Profeta, ni en los tiempos de sus compañeros, ni en el de los Tabiuns (la generación que sucedió a la de los compañeros), ni en los tiempos que sucedieron con posterioridad se empleó dicho método (matar a civiles inocentes) por parte de los musulmanes; ni existe precedente algo del mismo. Y como argumento en contra de los que sostienen que «no hay otra alternativa», es prueba suficiente el hecho de que los compañeros estuviesen sometidos a las más duras torturas y peores tratos, en La Meca y posteriormente, sin que jamás cometiesen semejantes actos.

En casi todas las fuentes de derecho musulmán, se trata el siguiente caso particular: ¿Le está permitido a un musulmán durante la guerra atacar al ejército enemigo o a una unidad del mismo conociendo con seguridad que va a acabar muerto? La respuesta a este asunto es la siguiente: si causa daño al otro bando, contribuye positivamente a la lucha —elevando la moral y el ánimo de las tropas musulmanas— entonces está permitido que dicha persona lleve a cabo dicha acción luchando hasta morir. Por ejemplo, durante la Batalla de Uhud, un grupo de compañeros realizaron dicha acción (atacaron al enemigo para así elevar la moral de los musulmanes) y el Profeta les ensalzó. Por otro lado, si semejante ataque no inflige daño alguno a los efectivos enemigos, entonces no está permitido. Si la persona persiste en el ataque a sabiendas de que no beneficia para nada a los musulmanes, pasaría a formar parte de los referidos en el siguiente versículo *No os entreguéis a la perdición. Haced el bien. Dios ama a quienes hacen el bien* (2:195)[81]. No es posible tomar este caso (el de una sola persona atacando a todo un ejército) mencionado en las tratados de *fiqh* como base para justificar los ataques suicidas cometidos atándose bombas al cuerpo contra grupos de personas inocentes. En primer lugar, lo tratado en los libros de *fiqh* se refiere a tiempos de guerra y a objetivos militares, mientras que los ataques suicidas se cometen contra objetivos civiles y contra gente inocente; por lo tanto se trata de asuntos completamente diferentes.

---

81   Sarahsi, *Mabsut*; 10:37; Yassas, *Ahkam al-Qur'an*, 1:327; Ibn al-Abidin, 1984, 4:127).

Otra pretendida prueba que se esgrime a favor de los ataques suicidas es el caso de *tatarrus mencionado en los tratados de fiqh. En el caso de tatarrus*, (es decir: cuando el enemigo utiliza a prisioneros de guerra musulmanes, mujeres y niños como escudos humanos), le está permitido a los musulmanes atacar al enemigo tomando todas las precauciones posibles para proteger las vidas de los cautivos[82]. Asimismo, se refiere a un asunto que tiene que ver con la guerra, por lo que no puede servir de justificación para los ataques suicidas realizados contra civiles e inocentes, es decir, no combatientes.

La palabra irhab según el Corán y el terrorismo

Como todos los musulmanes saben, las palabras de exaltación mencionadas en el Corán ocupan un lugar distinguido. Las palabras citadas únicamente en un contexto de encomio y honor tienen un significado especial. La palabra *irhab* es un ejemplo de dichas palabras. El versículo en que dicha palabra se menciona en el Corán es el siguiente:

> ¡Preparad contra ellos toda la fuerza, toda la caballería que podáis para amedrentar al enemigo de Dios y al vuestro y a otros fuera de ellos, que no conocéis pero que Dios conoce! Cualquier cosa que gastéis por la causa de Dios os será devuelta, sin que seáis tratados injustamente (Al-Anfal 8:60).

Por lo tanto, los que creen en el Corán y lo toman como referencia para ellos deben tratar dicha palabra con el respeto y dignidad que merece.

El significado literal de la palabra irhab citada en este versículo es «amedrentar». Sin embargo, se refiere al «miedo» natural que surge ante la posibilidad de sufrir daño y que actúa como elemento disuasorio; no se refiere a autolesionarse[83].

Los *Mufassirun* (los eruditos musulmanes comentaristas del Corán) han interpretado la palabra *irhab* mencionada en el versículo con el significado de estar equipado con las armas necesarias (como

---

82　Sarahsi, *Mabsut*, 10:154; Tahawi, *Muhtasaru Ijtilaf al- Fuqaha*, 3:43.
83　Ver Ibn al Manzur, *Lisan al-'Arab*, "r-h-b"; Raghib, *Mufradat*, "r-h-b"; Zabidi, *Taj al-Arus*, "r-h-b.".

corceles de guerra) para utilizarlas de modo disuasorio contra el enemigo según las condiciones de la época[84].

Dice Rashid Riza que *irhab* no significa hacer la guerra, sino prevenirla; lo que implica proteger a la sociedad, no destruirla. También interpreta el citado versículo como «preparar armamento de la mejor manera posible a fin de evitar que los enemigos —conocidos o no— entablen una guerra o lancen un ataque»[85].

En los hadices, la palabra irhab denota disuasión[86], indicado por los comentarios de los mismos[87]. La an-Nihaya, obra en la que se hallan reunidas las palabras poco comunes (*garib*) de los hadices, explica la palabra *irhab* como «ser tan poderoso que se pueda disuadir al enemigo de atacar y de hecho disuadirle totalmente»[88].

Los compañeros interpretaron dicho versículo con el significado de estar preparados para la guerra y poseer poder disuasorio. Por ejemplo, durante el gobierno de 'Omar, había cuarenta mil corceles árabes pura sangre listos para ser utilizados en la guerra en un rancho cercano a Medina. Dichos caballos nunca participaron en ninguna contienda a pesar de que había batallas en distintos frentes. Asimismo, había preparados cerca de Siria cuarenta mil caballos más de reserva. Estos caballos, una de las armas de guerra más importantes de la época, eran mantenidos como fuerza de reserva en caso de necesidad[89].

Del mismo modo que la palabra ribat denota dedicar o asignar personas o animales a algún lugar, también puede ser interpretada con el significado de estar preparado y ser prudente. Por lo tanto, el Corán establece un propósito para nosotros ordenándonos que «defendamos y protejamos nuestra religión, honor, reputación, dignidad, patria y demás valores sagrados ante todos los enemigos que alberguen intenciones maliciosas; que tomemos todas las medidas necesarias para mantener

84   Tabari, *Yami al-Bayan*, 6:42; Razi, *Mafatih*, 15:192; Alusi, 10:26; Yazır, *Hak Dini Kur'an Dili*.
85   Rashid Riza, *Tafsir al-Manar*, 10:66.
86   Bazzar, *Musnad*, 6:30; Ahmad ibn Hanbal, *Musnad*, 3:493.
87   Azim Abadi, *Awn al-Ma'bud*, 8:159.
88   Ibn Azir, *an-Nihaya fi Gharib al-Hadis*, 2:262.
89   Mawlana Shibli an-Numani, *Bütün Yönleriyle Hazreti Ömer ve Devlet Idaresi*, Estambul: Hikmet Yayınları, 1986. Traducido por Talip Yaşar Alp.

el poder que nos permite hacerlo; y que no le proporcionemos oportunidad alguna al enemigo»[90].

Los juristas musulmanes también han utilizado la palabra irhab con el significado de disuasión[91].

Como resultado, al examinar la estructura de la palabra irhab, su uso y el significado que se le ha concedido en los libros de hadith y sus comentarios, en los libros de derecho musulmán y en los diccionarios, sale a relucir lo siguiente:

1) La palabra *irhab* citada en el Corán hace alusión al *i'dad*, palabra que significa estar preparado para defender los valores sagrados de uno. Está destinada a prevenir las transgresiones, evitar la tiranía y reprimir a los criminales. Este asunto está reconocido y es aceptado por todas las sociedades y naciones desde el principio de la historia y no contradice los valores humanos. ¿Quién puede negar la necesidad de elementos disuasorios que intimiden a los criminales, a los tiranos, a los agresores y a los invasores enemigos?

2) Los eruditos musulmanes utilizan la palabra irhab en sus obras con el significado de «desalentar al enemigo antes o durante la guerra a fin de intimidarle y desmoralizarle espiritual y psicológicamente».

En el pasado, los elementos disuasorios tomaban formas diversas, como por ejemplo: vestir seda, teñirse las canas, llevar joyas y ornamentos, decorar la espada y su vaina con oro y distintos diseños, enfrentarse sólo a un ejército, preparar y entrenar a muchos caballos para la guerra. Todo ello estaba acorde con las realidades y condiciones bélicas de la época[92].

Aparte de las dos acepciones anteriormente descritas, no existe otro uso de la palabra irhab ni en el Corán ni en la Sunna, ni puede encontrarse en cualquier otra obra basada en el Corán o en la Sunna. Por lo tanto, no sería correcto interpretar la palabra irhab citada en el

---

90   Ver Gülen, *Sonsuz Nur*, 2:190-192.
91   Ver Sarahsi, *Mabsut*, 10:42; Ibn al-Qudama, *al-Kafi*, 40264; Bahuti, *Kashshaf al-Ghina*, 3:65; Abu Ishak, ash-Shirazi, *Muhazzab*, 2:231; Ibn al-Abidin, 6:305.
92   Muhyiddin al-Ghazi, «Adwaun ala Kalimat al-irhab,» *al-Bas al-Islami*, No. 48, p. 84; Ver Ibn al-Abidin, 6:756.

Corán con el significado de matar a inocentes en lugares públicos por medio de bombas adheridas al cuerpo, derramar sangre, provocar incendios, causar daños en viviendas y propiedades, difundir el terror para causar el caos en la sociedad o utilizar el Corán como apoyo de dichas acciones.

Además, hay otro tema que se debe tratar, y es que todos los diccionarios de árabe clásico sólo dan como definición del vocablo irhab la palabra *ihafa* (asustar). Sin embargo, se puede percibir que en algunos diccionarios compilados en la segunda mitad del siglo veinte la definición de la palabra *irhab* ha sido modificada intencionada o inintencionadamente. En diccionarios redactados por no musulmanes, la palabra *irhab* ha sido definida como «terrorismo»[93]. Sin embargo, existe una diferencia clara entre la palabra irhab, que significa «amedrentar por medio de un poder disuasorio antes de empezar una guerra» y la palabra «terrorismo», que implica matar, poner bombas, incendiar, difundir el horror y cometer actos de violencia que lleven a la sociedad al caos[94].

No se puede tomar una decisión legal sobre temas indeterminados

Uno de los elementos fundamentales de la metodología jurídica islámica es que la determinación de los límites de un tema debe preceder al establecimiento de un juicio al respecto. Por lo que no se pueden hacer decisiones sobre asuntos carentes de límites específicos, ya que ello sería abrir una puerta a la mala conducta y al abuso.

Si se consideran los ataques suicidas desde esta perspectiva, es obvio que los objetivos no están determinados, ya que no se sabe realmente quién va ha morir. Estos ataques suceden en todos los sitios, en todos los lugares abiertos al público, como mercados, zonas comerciales, restaurantes, estaciones de autobuses, etc., donde la gente lleva a cabo sus actividades diarias. Mujeres, niños, ancianos, musulmanes, no musulmanes, todos ellos sufren los ataques sin discriminación alguna.

---

93   *Oxford Wordpower*, Nueva York: Oxford University Press, 1999; Hans Wehr, *A Dictionary of Modern Written Arabic*, Beirut: Maktabat al-Lebanon, 1960; *English Arabic Glossary. Ver Encyclopaedia Britannica*, 11:650-651.

94   Ver Muhyiddin al-Ghazi, *al-Bas al-Islami*, No. 48, pp. 85-86; Dr. Jallul ad-Dakdak, «Hirabuyyun la irhabiyyun,» *al-Mahayya*, No. 208, pp. 5-6, Febrero 15, 2004.

Por lo tanto, los ataques a objetivos indeterminados se hallan en oposición frontal con uno de los principios generales de la ley islámica.

En el Islam el principio es la individualidad del crimen

En el Islam, los castigos dependen de cada caso: el que comete un crimen es el único en pagarlo y sólo esa persona cumple la sentencia. Tal y como en repetidas ocasiones dice el Corán, *nadie cargará con la carga ajena* (6:164; 17:15; 35:18). La individualidad del crimen y de la pena impuesta es un principio de la ley islámica. Los objetivos de los ataques suicidas son civiles inocentes; y el hecho de que dichos ataques sean dirigidos contra gente inocente está en desacuerdo con dicho principio legal. Por lo tanto, dichos ataques tan sólo pueden considerarse como injustos y opuestos a la concepción islámica de la justicia.

Los ataques suicidas difaman la identidad esencial del Islam que está basada en el amor y la tolerancia

Los medios empleados para alcanzar ciertos fines han de ser tan legítimos como éstos. Según lo dicho anteriormente, la lucha de la persona por proteger sus valores sagrados, su propiedad o su nación son deberes esenciales de la humanidad. Poner en riesgo la propia vida para cumplir dichas metas constituye la vía del martirio. Si, por el contrario, se usan métodos injustificados para alcanzar dichas metas, se incurre en el reproche divino, llegando a resultados totalmente opuestos a lo buscado: hacerle las cosas difíciles a todos los musulmanes. Sin embargo, el Mensajero de Dios, la paz y las bendiciones sean con él, sus compañeros y los musulmanes que les sucedieron como representantes de la paz y la serenidad siempre han protegido la identidad del Islam durante tiempos de paz y guerra sin desacreditarla jamás. Hoy, a los musulmanes se les equipara con «terroristas» por lo que les es obligatorio desvincularse todo lo que puedan de cualquier comportamiento o acción que pueda utilizarse para hacer ese tipo de acusaciones[95]. El hecho de que en algunos lugares unos pocos musulmanes se hayan comportado de esa manera o hayan aprobado dichos comportamientos ha hecho que las palabras «Islam» y «terror» se usen de modo conjunto, empañando la imagen del Islam y haciendo que el camino de los que desean la desgracia para el Islam quede libre.

---

95   Cevdet, Said. *İslami Mücadelede Şiddet Sorunu*, pp. 65-67.

Cuando musulmanes de distintas partes del mundo, frustrados por las dificultades a las que son sometidos, eligen realizar ataques suicidas como su única manera de luchar, dicha decisión no sólo les afecta a ellos, sino que incumbe a todos los musulmanes. De hecho, cualquier suicidio que emplee bombas en cualquier lugar del mundo acarrea infamia al Islam y a todos los musulmanes.

Nos gustaría narrar un incidente que tuvo lugar es este siglo respecto a este asunto: Bediüzzaman Said Nursi, un erudito turco, se enroló en su juventud como oficial voluntario en un regimiento durante la Primera Guerra Mundial y sirvió a su país y a sus compatriotas con devoción. Durante la guerra, las guerrillas armenias masacraron a mujeres y niños turcos en algunos lugares y, como venganza, se asesinó a algunos niños armenios. Miles de niños armenios se reunieron en la ciudad donde gobernaba Said Nursi. Éste ordenó a los soldados que no les hiciesen daño alguno y se les devolvió a sus familias al otro lado de la frontera rusa. Este tipo de comportamiento llevado a cabo por Nursi fue una lección ejemplar para los armenios y provocó en ellos una gran admiración por los valores morales musulmanes. Prometieron no volver a matar a niños musulmanes, diciendo «ya que Molla Said no ha matado a nuestros hijos y nos los ha devuelto, nosotros no volveremos a matar a más niños musulmanes». Gracias al comportamiento conforme al espíritu del Islam de Nursi, muchos niños musulmanes fueron salvados de la muerte[96].

Conclusión

Los musulmanes han de atenerse a los criterios de su religión tanto en tiempos de paz como en tiempos de guerra. Han de controlar sus sentimientos y sintonizarlos con los principios esenciales del Islam, a pesar de la dureza de las condiciones que estén soportando. No han de acometer ningún tipo de acción que el Islam desapruebe. Es un gran crimen cometer ataques suicidas en tiempos de paz. No existe manera alguna de que el Islam apruebe esos despiadados crímenes. Y no es posible que un musulmán con fe cometa dichas acciones.

Los ataques suicidas contra objetivos civiles en tiempos de guerra están prohibidos, ya que están dirigidos contra mujeres, niños, ancianos

---

96   Nursi, Bediüzzaman Said. *Tarihçe-i Hayat* – İlk Hayatı – (Colección Risale-i Nur).

y civiles que no combaten y a los que el Islam impide matar aun en tiempos de guerra. Es más, el asesinato de personas inocentes e indefensas provoca terror y anarquía y empaña la imagen del Islam, perjudicando así a todos los musulmanes.

A pesar de que musulmanes de todas partes están sufriendo calamidades, los ataques suicidas no están justificados. Lanzar ataques contra objetivos y personas indeterminadas, atarse bombas al cuerpo por el sólo hecho de matar y detonarlas en medio de gente inocente y niños no puede ser considerado como un comportamiento islámico. El Islam tiene reglas y principios respecto a «cómo matar y a quién matar y cómo luchar contra el enemigo» durante la guerra; y no se pueden violar por muy feroz que sea la batalla. En el Islam no existe la posibilidad de matar a mujeres, niños y demás personas inocentes que no participan activamente en la guerra. Finalmente y en solidaridad con la miseria causada por la impotencia de nuestros hermanos y hermanas musulmanes, nos gustaría expresar que ese método de combate en que han sucumbido algunos musulmanes es equivocado y el Islam y todos los creyentes han sido acusados por los modos de proceder erróneos de una minoría que ha elegido un método inhumano de lucha.

Referencias

- Azim Abadi. *Awn al-Maʿbud*, Beirut: Dar al-Kutub al-Ilmiyya, 1994.

- Bazzar Abu Bakr. *Musnad al-Bazzar*, Beirut: Muassasat al-Ulum al-Qur'an, 1988.

- Yazır, Elmalılı M. Hamdi. *Hak Dini Kur'an Dili*, Estambul, Ed. Eser, 1979.

- Gülen, Fethullah. *Sonsuz Nur*, Ed. Nil, Izmir, 2003.

- ——. *Toward a Global Civilization of Love and Tolerance*, Nueva Jersey: The Light, Inc., 2004.

- Hans Wehr. *A Dictionary of Modern Written Arabic*, Beirut: Maktabat al-Lubnan, 1960.

- Ibn al-Abidin, Muhammed Emin. *Haşiyetü Reddi'l-Muhtar*, Estambul: Ed. Kahraman, 1984.

- *Al-Mahajja*, No: 208, Febrero 15, 2004.

- Mevlana Şibli en-Numani. *Bütün Yönleriyle Hazreti Ömer ve Devlet İdaresi*. Traducido por Talip Yaşar Alp, Estambul: Ed. Hikmet, 1986.

- Muhyiddin al-Ghazi. "Adwaun ʿala Kalimat al-irha." *al-Bas al-Islami*, Lekne: Muassasat as-Sahafa wannashr, May, 2003.

- Oxford Wordpower, Oxford University Press, Nueva York, 1999

- Seyyid Bey. *El-Medhal*, Estambul.

- Shatibi, Ibrahim ibn Musa. *Al-Muwafaqat fi Usul ash-Sharia*, Beirut: Dar al-Kutub al-Ilmiyya.

- Tahawi, Abu Jafar. *Muhtasar al-Ihtilaf al-Fuqaha* (Ihtisar, Jassas). Abdullah Nazir Ahmad, Dar al-Bashair al-Islamiyya, Beirut, 1996.

- Sharh, *al-Maan al-Asar*, Beirut: Dar al-Kutub al-Ilmiyya, Líbano, 1987.

- Zuhayli, *Asar al-Harb fi'l-fiqh al-Islami diraseten ve mukareneten*, Siria: Dar al-Fikr, 1998.

OPINIONES SOBRE LAS REGLAS DE LA GUERRA SEGÚN EL DERECHO MUSULMÁN

Ahmet Güneş

Introducción

El terrorismo es un fenómeno social que desafortunadamente está a la orden del día. Como ya es sabido, los fenómenos sociales no pueden ser explicados con una simple causa. La psicología del terrorismo, sus antecedentes históricos, sus razones políticas, económicas y sociológicas y las sugerencias para su solución son asuntos a tratar por las disciplinas pertinentes. Existe una gran laguna en el campo de la ciencia jurídica al no haber una definición precisa del término «terrorismo». Sin embargo, es de sentido común calificar de terrorismo los ataques dirigidos contra las vidas de personas inocentes.

Otro problema serio es que los hechos terroristas son mencionados junto a la religión musulmana. La base de este problema radica en interpretaciones erróneas y tendenciosas. Las interpretaciones tendenciosas son materia de otro debate. Sin embargo se tratarán las interpretaciones incorrectas surgidas debido a las distintas comprensiones de los verbos luchar (qital) y matar (qatl) que aparecen en los versículos del Corán.

Es un principio básico del Islam la inalienabilidad del derecho a la vida, el honor y la propiedad que toda persona tiene. Por lo tanto, todo crimen que viole la santidad de la vida, el honor y la propiedad de la persona es castigado con penas en esta vida o en la próxima. Está claramente expresado en el Corán que asesinar a una persona es lo mismo que asesinar a toda la humanidad y que salvar la vida de alguien es como salvársela a toda la gente. La importancia de la vida humana en el Islam ha sido enfatizada en todas sus diferentes dimensiones (Al-Ma'ida 5:32). Es más, el castigo por matar a personas que pertenecen a un grupo con quienes los musulmanes han cerrado un pacto está particularmente especificado en el Corán (4:92). Dicha prohibición se extiende incluyendo a los que no pertenecen a la tribu obligada por el pacto (Yazır, 2:1420-1421). Según Abu Hanifa si un musulmán mata a un no musulmán se aplica el mismo procedimiento penal (Kasani 1986, 7:252). Al ser la prioridad principal en el Islam proteger la seguridad pública, la ley y el orden, la vida, la propiedad y la libertad de circulación, los crímenes que atentan contra las vidas y las propiedades de las personas (hiraba) se incluyen en el código penal musulmán de los Hadd (crímenes sujetos a penas mayores). El Corán ordena que los perpetradores de dichos crímenes sean sentenciados a duras penas en esta vida, a la vez que declara que su castigo en la próxima vida será más atroz (5:33).

En el derecho musulmán, las guerras son contempladas de modo diferente. Las rebeliones se incluyen en la categoría de las guerras. Aunque las palabras *harb* y *ghaza* existen en el Corán, la palabra más frecuente para referirse a la guerra es *qital*. El Corán habla de guerras históricas, guerras entre dos grupos de musulmanes y, sobre todo, entre musulmanes y no musulmanes.

La guerra según la ley islámica

Los juristas musulmanes se han dedicado a reunir y ordenar decisiones jurídicas referentes al estado de guerra desde los comienzos de la historia musulmana. Las recopilaciones de determinados tipos de libros bajo el nombre de *seerah* datan del segundo año de la Hégira. Estos libros son los primeros ejemplos de un género único de literatura que estudia la guerra de un modo jurídico. El Imam Muhammad escribió el *Kitab al-Seerah al-Saghir* en el que incluye las opiniones de Abu Hanifa sobre el tema. Awzai criticó algunas de las opiniones contenidas en dicho libro. A lo cual, Abu Yusuf respondió a dichas críticas en su obra titulada *Ar-Raddu ala Seerah al-Awzai*. Posteriormente, el Imam Muhammad redactó su minuciosa obra titulada *Kitab al-Seerah al-Kabir* (Yaman 1998, 38). Existen varios comentarios sobre ambos libros escritos por el Imam Muhammad, constituyendo las principales referencias de la escuela Hanafí. Durante la época otomana, el comentario de Sarahsi, *Kitab al-Seerah al-Kabir* fue traducido al turco y se incluyó en el programa de estudios de las escuelas militares (Bursalı 1972, 1:407). Las leyes musulmanas referentes a la guerra y la paz fueron sistematizadas en secciones especiales llamadas *seerah* en la literatura del *fiqh* (ley musulmana), la cual está basada en las leyes contenidas en el Corán y cómo el Profeta las puso en práctica, es decir, los hadices. En dichas secciones se mencionan en detalle los asuntos jurídicos relacionados con la preguerra y la posguerra. Se tratan cuestiones tan importantes como el contrato de la *Zimmat* con los no musulmanes y sus consecuencias, la institución del *eman*, los acuerdos internacionales e incluso el comercio con los países no musulmanes. Las batallas de Ridda y las decisiones judiciales entorno a la Rebelión de los Jawariy forman parte de los capítulos tratados en dichos libros (Semerkandi 1984, 3:293).

Según el derecho musulmán, la Guerra se contempla según sus principios básicos y sus subdivisiones. Según la metodología jurídica islámica, el término *hasen* (bueno) se examina como formando parte de la dualidad *hasen-kubh* (bueno-malo) bajo dos categorías: *hasen liaynihi* (esencialmente bueno) y *hasen ligayrihi* (bueno por otras causas/bueno por su resultado). Según esta clasificación, las guerras son *hasen ligayrihi*: es decir, que las guerras no son en esencia buenas, ya que causan situaciones que no son buenas, tal y como la pérdida de vidas humanas y la destrucción de los países. Sin embargo, se las considera buenas debido a la función que cumplen protegiendo la religión, la vida, la propiedad, la salud física y mental y la descendencia (Kasani 1986, 7:100; Bilmen 3:380).

Según la doctrina legal islámica, existen varias opiniones respecto a la guerra y a las relaciones internacionales. Mientras desde una de las perspectivas todas las relaciones internacionales con los estados no musulmanes están basadas en la guerra, otras perspectivas —principalmente compartidas por los juristas de la escuela hanafi— sostienen que todo lo que tiene que ver con la infidelidad (kufr) forma parte de los «Derechos de Dios» (asuntos que quedan entre Dios y la persona). Por lo que todo juicio relativo a ello queda pospuesto a la Próxima Vida, por ser un asunto que queda entre Dios y la persona (Sarahsi 1997, 4:186). Según dicha perspectiva, las relaciones internacionales están esencialmente basadas en la paz. Este principio está recogido como *para vosotros vuestra religión y para mí la mía* (Al-Kafirun 109:6), y como *para nosotros nuestras obras y para vosotros las vuestras* (Al-Baqara 2:139; Al-Qasas 28:55; Al-Shura 42:15).

A pesar de que no existen elementos negativos en los fundamentos de la creencia musulmana, su código moral o sus manifestaciones sociales, en algunos lugares, el Corán plantea preguntas respecto a las acusaciones hechas contra los profetas y en otros pregunta cuáles fueron los crímenes de los musulmanes. Por ejemplo, cuando se narra la historia de un hombre anónimo que decidió ocultar su fe hasta que fue descubierto, el versículo dice *¿vais a matar a un hombre por decir «Dios es mi Señor»?* (Ghafir 40:28). Abu Bakr usó una vez el mismo versículo contra los paganos (Ibn Hisham 1:290). Desde ese punto de vista, el caso de los musulmanes se describe en los siguientes versículos:

> Han sido expulsados injustamente de sus hogares, sólo por haber dicho: «¡Nuestro Señor es Dios!» (22:40).

> Expulsan al Enviado y os expulsan a vosotros porque creéis en Dios vuestro Señor (60:1).

En los versículos referentes a la Guerra, los actos de los enemigos son descritos de distintas maneras:

> Si pudieran, no cesarían de combatir contra vosotros hasta conseguir apartaros de vuestra fe (2:217).

> Han combatido contra vosotros por vuestra religión (60:8).

Curiosamente, se explica que el permiso para luchar es concedido porque (*los musulmanes*) han sido tratados injustamente (22:39). Las otras declaraciones sobre los motivos son las siguientes: los enemigos fueron los primeros en atacar (9:13); (los enemigos) no respetan los pactos y rompen los acuerdos (9:8, 10); y son traidores (8:58).

Tal y como Sarahsi señala, los motivos para ir a la guerra están explícita o implícitamente mencionados (Sarahsi 1986, 10:110). El Corán habla de que un gran número de enemigos *os vinieron desde arriba y desde abajo* (33:10). El Profeta también empleó expresiones como «todos los árabes han hecho de vosotros el objeto de una alianza». En otra ocasión, cuando tuvo lugar la *ila*[97], la expresión «¿están atacando los gasánidas?» fue usada por Omar. El hecho de que el líder de los gasánidas considerase Medina *dar-ı hawan* un lugar despreciable, incluso tras la expedición de Tabuk, ilustra la naturaleza de dichas relaciones[98]. No obstante, se llega a una evaluación más razonable de este asunto conociendo la posición de los sasánidas y de Bizancio respecto a Medina (el estado musulmán).

El Profeta y las soluciones diplomáticas

Cuando el Profeta, que la paz y las bendiciones sean sobre él, vino a Medina, lo primero que hizo fue firmar un tratado con los habitantes judíos de la ciudad (Waqidi 1966, 184). Los libros de historia han documentado muchos acuerdos —en materia de religión y política— realizados por el Profeta con muchas tribus. El erudito Muhammad Hamidullah afirma que «el Mensajero ya estableció una alianza con una facción de la tribu Yuhayni en el primer año de la hégira. Asimismo, existen documentos históricos que prueban que firmó tratados con los Bani Demre, los Bani Mudlij, los Bani Zur'a y los Bani Rab'a en el segundo año" (Hamidullah 1987, 75). El mismo autor, en su libro *Maymu'a al-Wasaik al-Siyasiyya*, documenta los acuerdos que el Profeta hizo con cientos de tribus. El Profeta, antes de firmar el tratado de Judaybiya dijo: «¡Pobres coraichies! La guerra les ha arruinado. ¿Qué habría pasado si no se hubiesen interpuesto entre mí y el resto de los árabes? Si vencen será lo que habían querido; pero si Dios hace que les domine, se someterán del todo al Islam. Aunque

---

97   Ila: (Literalmente, una forma de divorcio). El Profeta abandonó a sus esposas al demandar éstas más bienes, ya que vivían bajo condiciones muy duras. Entonces, fueron revelados los versículos de Al-Ahzab 33:28, 29, en los cuales dichas esposas tenían que elegir entre esta vida y sus lujos o Dios y Su Mensajero. Al llegar el compañero que guardaba la casa del Profeta ante 'Omar asustado por el *ila*, Omar preguntó si es que los ghassinidas estaban atacando, ya que los musulmanes siempre estaban bajo la amenaza de un posible ataque por parte de otras tribus.

98   Bujari, *Maghazi*, 79; Muslim, *Tawba*, 53.

118

Terrorismo y Ataques Suicidas: Una Perspectiva Islámica

ahora sean fuertes, ¿cuánto tiempo continuarán combatiendo?» (Abu Yusuf 1910, 208).

Durante la firma del tratado de Judaybiya, a pesar del caso de Abu Yandal, torturado por haberse convertido al Islam, y de las protestas de los compañeros (por dejar a Abu Yandal fuera de la protección de los musulmanes), el profeta firmó el tratado (Waqidi 1966, 2:612). Tras firmarlo, el capítulo de Al-Fath (la conquista) fue revelado, dando fe los compañeros de cuánta gente eligió el Islam al tener la oportunidad de encontrarse los unos con los otros gracias a dicho tratado. Tal fue así que el número de conversos al Islam tras dicho tratado fue superior al número de conversos antes del mismo (Waqidi 1966, 2:607-610).

Hubo ocasiones en que el Profeta se vio obligado a luchar en guerras. Las razones del desencadenamiento de dichas guerras están citadas en los libros de historia. Según hechos históricos, las causas de las guerras no radicaban únicamente en una diferencia de creencia, pues nunca se realizó expedición militar alguna por dicha razón exclusivamente (para más detalles, léase Waqidi, *Maghazi*; Hamidullah, *Batallas del Profeta Muhammad*).

Como ya es sabido, existen dos tipos de soluciones para los conflictos internacionales. El primero es político y el segundo es el uso de la fuerza. El uso de la fuerza es el último recurso que sólo ha de ser utilizado si fracasa la solución diplomática. El Profeta intentó encontrar soluciones diplomáticas en la medida de lo posible. Durante el tiempo que pasó en La Meca, los musulmanes estaban constantemente siendo agredidos por los paganos coraichíes. A fin de escapar de dicha tortura, algunos musulmanes emigraron a Abisinia (la actual Etiopía), maniobra que los paganos intentaron sabotear. A causa de ello, el Profeta y la mayoría de sus compañeros se vieron obligados a emigrar a Medina. En base a esos antecedentes, las relaciones entre los musulmanes de Medina y los coraichíes de La Meca se tornaron en hostiles debido al comportamiento de los paganos de La Meca. Fue por esto por lo que el Profeta envió expediciones para recabar información y salvaguardar la seguridad.

El Profeta quiso bloquear la caravana de La Meca que estaba bajo el mando de Abu Sufian y que regresaba de Siria, debido a que la caravana estaba sobre todo constituida por bienes robados a los musulmanes. Sin embargo, Abu Sufian, al ser informado de ello, llevó la caravana por una ruta alternativa a lo largo de la costa. Pero al recibir información de ello, los coraichíes se prepararon para la guerra y salieron. Los dos grupos (los musulmanes que esperaban el regreso de la caravana y los coraichíes, se encontraron en un punto intermedio entre la ruta de la caravana y la ruta de Medina). El Corán dice claramente que la intención de los musulmanes sólo era la de atacar la caravana (8:7). El hecho de que el Profeta se reuniese con los líderes de las tribus para discutir la posibilidad de una guerra también prueba que la intención no era la de entablar una guerra. Al final, el Profeta envió a 'Omar para transmitir una proposición de paz, pero ello no fue suficiente para cambiar el resultado (Waqidi 1966, 1:61).

Está internacionalmente reconocido que el ataque a un miembro de una alianza supone el ataque a todos los miembros de la alianza. Las tribus árabes formaron libremente alianzas ya fuera con los musulmanes o con los paganos de La Meca, según figuraba en el tratado de Judaybiya. Los Bani Bakr se aliaron con los coraichíesy con la tribu Huzaa, pero luego se aliaron con los musulmanes. Sin embargo, con ayuda de los coraichíes, algunos miembros de los Bani Bakr asesinaron a ciertos musulmanes de la tribu Huzaa en un ataque nocturno. Cuando dicho incidente fue trasmitido al Profeta, investigó el asunto. Y al quedar establecido la participación de los coraichíes, el Profeta envió a un compañero llamado Damra con varias alternativas: o bien se pagaba el precio de la sangre de las víctimas de los Huzaa o se anulaba la alianza con los Bani Bakr. Si no se cumplían ninguna de esas condiciones, significaría que los coraichíes habían anulado el tratado de Judaybiya. Los coraichies no aceptaron ninguna de dichas alternativas, regresando el emisario con las manos vacías. Acto seguido, los coraichies enviaron a Abu Sufian a renovar el tratado; sin embargo el intento fracasó y se acabó anulando el tratado (Waqidi 1966, 2:783-844).

La reglas de la Guerra en acción

En el diccionario, la palabra *qital* (guerra) deriva de la raíz *qatl*, matar. La guerra implica matar y ser muerto. El Corán usa la palabra qatl para expresar los actos de matar y de morir tanto para los musulmanes como para los enemigos (9:111). Sin embargo, matar no es algo de lo que un musulmán puede enorgullecerse. Por ello se trata de un deber religioso para el musulmán ceñirse a ciertas reglas y normas a fin de establecer si existe una guerra en activo. Dichas reglas quedan resumidas del siguiente modo:

La primera regla de una guerra activa es la existencia de una situación bélica. Hay dos tipos de términos en los versículos relacionados con la guerra: en algunos versículos, como en si combaten contra vosotros, matadles (2:191), el permiso para quitar la vida está restringido al estado de guerra.

El capítulo de At-Tawba es de especial importancia, ya que fue el último capítulo de la revelación que trató de los asuntos relacionados con la guerra. En este capítulo, a pesar de declarar que algunos de los acuerdos firmados con ciertas tribus habían concluido, se ordena respetar los tratados realizados con otras tribus y que no hubiesen sido anulados. Es importante destacar que en este contexto, ambos grupos de tribus (los que anularon el tratado y los que lo respetan) son calificados como paganos (9:1-4). Asimismo, se ordena en el versículo que se conceda protección a los paganos que la soliciten (9:6).

La segunda regla de la guerra según la ley musulmana es que el enemigo ha de combatir. Los no combatientes son considerados inocentes. Bajo este criterio de inocencia, los sacerdotes y los monjes no pueden ser atacados, los civiles, las mujeres y los niños no pueden ser dañados. Incluso los que sirven tras las filas enemigas cocinando o cuidando a los heridos tampoco pueden ser matados, aun estando presentes en el campo de batalla. Cuando el Profeta vio a una mujer muerta tendida en el campo de batalla dijo: «Pero si no es un combatiente» (Sarahsi 1997, 1:32). Pero si los mencionados participan activamente en la guerra como soldados, entonces dejarán de estar protegidos (Sarahsi 1986, 10:110).

La tercera regla de la guerra según la ley musulmana es la existencia de daños infligidos por el enemigo. Según esta regla, los combatientes que no inflijan daño alguno a los musulmanes no pueden ser matados, incluso si se hallan en el campo de batalla. Como es bien sabido, los combatientes que no causan daño alguno en el campo de batalla son tomados como prisioneros de guerra. El Corán ofrece la alternativa de dejar a dichos cautivos libres a cambio de algo, o incluso a cambio de nada (47:4). El Profeta siempre trató a los prisioneros de guerra de modo justo, asegurándose de que se les proporcionaba alimento y agua, y generalmente prefería dejarles libres. El Corán menciona que a pesar de la miseria que sufrían los musulmanes, éstos alimentaban a los prisioneros, fuesen del credo que fuesen, sin esperar recompensa mundana alguna ni gratitud por parte de aquellos; tan sólo lo hacían por amor a Dios (76:8-9).

El Profeta nunca maldijo a sus más encarnizados enemigos, ni siquiera en tiempos de guerra. Rezó por los que querían asesinarle a él y a todos los musulmanes, diciendo: «Señor, también ellos son Tus siervos, siervos Tuyos como nosotros» (Sarahsi 1997, 1:56).

El Corán no sólo se preocupa por los humanos. En él se cuenta la historia de la reina de las hormigas y el Rey Salomón. Las hormigas fueron ordenadas por la reina que entrasen en sus colmenas para no ser pisoteadas involuntariamente por Salomón y su ejército (27:18). Se puede considerar a todas las criaturas vivas en el mismo contexto, no sólo los animales, sino también las plantas. Tanto el Profeta como los primeros cuatro califas ordenaron que las plantas y los árboles frutales no fuesen dañados durante las campañas militares (Waqidi 1966, 3:1117).

El Profeta, la paz y las bendiciones sean con él, prohibió la mutilación de los cuerpos de los enemigos caídos, así como la amputación de sus orejas, narices y la extracción de sus ojos (musla)[99]. Puesto que el Profeta valoraba a los seres humanos por el mero hecho de serlo, prohibió que se hablase mal sobre las muertes de los enemigos para que las familias de los mismos no se sintiesen insultadas.[100]

Muhammad Hamidullah señala que —incluso cuando el Profeta Muhammad estaba en la cima de su poder— las bajas que hubo en las batallas en que participó fueron de alrededor de 150 mártires en el bando musulmán y de 250 en el bando enemigo (Hamidullah 1981, 21). El factor principal subyacente al hecho de que el Islam se convirtiese en un poder que atrajo a la gente ganándose sus corazones durante un período superior a diez años y a lo largo de una vastísima geografía, radica en los fundamentos de sus creencias, en su pensamiento y en la filosofía de vida que representa, en la inteligencia del Profeta, Profeta de la misericordia, y en el ambiente de confianza que logró crear.

---

99   Bujari, *Maghazi*, 36.
100 Bujari, *Maghazi*, 36.

Conclusión

Un principio fundamental del Islam es la paz. Las diferencias en materia de fe no son buenas razones para la guerra. Las razones que hicieron la guerra inevitable surgieron por la violación de ciertos principios. Existen reglas y normas para poderle quitar la vida a un enemigo, incluso en tiempos de guerra. Dichas reglas han sido establecidas por el Corán y por el Profeta. Y fueron reglas meticulosamente seguidas durante el gobierno de los primeros califas, que posteriormente se convirtieron en el código de la guerra de la ley islámica.

Según la ley, el permiso para matar —independientemente de la fe de la persona— está restringido a los combatientes que participan activamente en una guerra activa, combatientes que están infligiendo daño (Merginani 1986, 2:138). Los que no cumplen dichas condiciones son considerados inocentes y sus vidas han de respetarse. Los ataques a objetivos civiles están en desacuerdo con los principios del Islam, incluso en tiempos de guerra, lo cual incluye los ataques suicidas. Los objetivos legítimos no se pueden lograr a través de medios ilegítimos.

Referencias

- Bilmen, Ö. Nasuhi. *Hukukı İslâmiyye ve Istilahatı Fıkhiyye Kamusu,* Estambul.

- Bujari, Abu Abdillah Muhammad ibn Ismail. *As-Sahih,* Estambul.

- Bursalı, M. Tahir. *Osmanlı Müellifleri,* Estambul: 1972.

- Abu Yusuf, Yakub ibn Ibrahim. *Kitab al-Haraj,* Beirut: AH 1302 (1910).

- Elmalılı, M. Hamdi Yazır. *Hak Dini Kur'an Dili,* Estambul: 1979.

- Hamidullah, Muhammed. *Hazreti Peygamberin Savaşları,* Estambul: 1981. Publicado originalmente como *Battlefields of the Prophet Muhammad.*

- ——. *Maymu'a al-Wasaik al-Siyasiyya,* Beirut: 1987.

- Ibn Hisham. *As-Sirat an-Nabawiyya.*

- Kasani, Alauddin Abu Bakr ibn Masud. *Badaiu al-Sanai' fi Tartibi al-Sharai',* Beirut: 1986.

- Merginani, Burhanuddin, *Al-Hidaya Sharhu Bidayat al-Mubtadi,* Estambul: 1986.

- Muslim ibn Hajja. *As-Sahih,* Beirut: 1955.

- Semerkandi, Alauddin. *Tuhfat al-Fuqaha,* Beirut: 1984.

- Sarahsi, Muhammed ibn Ahmad. *Al-Mabsut,* Beirut: 1986.

- ——. *Sharhu Kitabi's-Seerah al-Kabir,* Beirut: 1997.

- Tirmizi, Muhammad ibn Isa. *al-Yami'al-Sahih,* Beirut.

- Waqidi, Muhammad ibn 'Omar ibn Vakıd. *Kitab al-Maghazi,* Oxford: 1966.

- Yaman, Ahmet. *İslâm Hukukunda Uluslararası İlişkiler,* Ankara: 1998.

EL ASESINATO Y SU CASTIGO EN EL CORÁN Y EN LA TORÁ

Adil Öksüz

La vida es uno de los valores más importantes para Dios, ya que es Su suprema bendición y el culmen de la existencia. La vida es el origen y la esencia de todo. La vida convierte en dueño de casi todo a todo al que se asocia. Cualquier ser vivo puede decir «todo lo que existe es mi propiedad; el mundo es mi hogar; el universo es un regalo que me ha sido concedido por mi Señor». Es la vida lo que nos conecta con todo, lo que nos permite beneficiarnos de todo.

Es más, la vida —fruto de la existencia— es la encrucijada de la existencia. Desde la perspectiva por la cual la vida es el centro o el objetivo hacia donde todo se dirige, la vida es la prueba más brillante de la unidad de Dios Todopoderoso, la más sutil demostración de Su misericordia y el ejemplo más complejo de Su arte. En definitiva, si no existiese la vida, la existencia perdería su significado y no se podría distinguir de la no existencia.

Es debido a la importancia de la vida —en especial la humana, la más perfecta— y a su naturaleza cualitativa y no cuantitativa, por lo que la vida de una sola persona representa las vidas de todas. Por ello, en el Corán, la vida de una persona equivale a la vida de todos los seres humanos. Por lo tanto, asesinar a una persona es como asesinar a todos los seres humanos, y salvar a una persona es como salvar a todos los seres humanos (5:32). En el contexto de esta valoración, consta en el Corán que se trataba también de una orden dada a los israelitas, o sea, que dicho principio también existía en la Torá.

El asesinato se contempla como un pecado capital tanto en el Corán como en la Torá. Esta prohibición es uno de los veredictos más consistentes existentes en todas las religiones monoteístas. Si la persona que quita una vida obra en desacato de la ley, y si el acto es intencionado y resulta en homicidio, la pena para el que lo comete es la muerte, tanto en el Corán como en la Torá (Al-Baqara 2:178-179; Éxodo 21:12; Levítico 24:17-18)[101].

Esta acción, prohibida por el imperativo no matarás de la Torá (Éxodo 20:13), es también el sexto de los diez mandamientos. Esta regla protege el derecho a la vida del ser humano y enfatiza la inviolabilidad de la vida humana. En el judaísmo «matar» (qatl) se define como «acabar con la vida de otro»[102]. Los juristas musulmanes han definido el verbo qatl como «el acto que provoca que el alma abandone el cuerpo»[103].

El asesinato en la Torá y el establecimiento del crimen

El mandamiento no matarás, según consta en el Éxodo 20:13, deriva de la raíz hebrea «r-ts-h». Esta palabra, según la explica Rashbam y Bekhor Shor, solo puede ser utilizada en «un acto en el que se mata injustamente». Por lo tanto, no se utiliza para describir muertes producidas por la ejecución de una pena o muertes fruto de la guerra. Tampoco se usa cuando el sujeto del verbo (el que realiza el acto de matar) es Dios o uno de Sus ángeles. Esta prohibición está justificada en el Génesis 9:6 con las palabras «si alguien derrama sangre, su sangre ha de ser derramada por otra persona, ya que Dios creó a la humanidad de Su propio espíritu». Eso significa que la vida, creada del espíritu de Dios, es totalmente sagrada, y el derecho a quitarla y a darla sólo le pertenece a Dios. Por consiguiente, quien quite una vida usurpa dicho derecho sagrado mediante dicho horroroso acto, violando así la soberanía divina. Al ser los humanos creados como seres sagrados, el asesino denigra la gloria divina. Por ello no les compete a los seres humanos perdonar al asesino o abrogar la pena de muerte para reempezarla por compensaciones monetarias, según se explica en Números 35:31[104].

---

101   Baruch 1989, 167.
102   Suzan Alalu et al. 2001, p. 156.
103   Yuryani, *Ta'rifat*, "q-t-l," p. 172; Abu al-Baka, *Kulliyyat*, p. 729; Ragib, *Mufradat*, "q-t-l,"; Bilmen, Vol. III, p. 17.
104   Nahum M. Sarna, *Bible Commentary: Exodus*, Philadelphia: The JPS (Jewish Publication Society), 1991, 20:13, p. 113.

Mientras la Torá declara que los que estén acusados por asesinato sean sentenciados a la pena de muerte, la Ley Verbal (el Talmud) establece ciertas regulaciones respecto a la naturaleza de dicho crimen. Según el Talmud, antes de cometer el crimen, el asesino ha de ser advertido por dos testigos oculares de que lo que va a ejecutar está prohibido y de que será castigado con la pena de muerte. El asesino ha de declarar que los testigos eran conscientes de los hechos. Además, los testigos han de presenciar el asesinato. A pesar de todo el peso de la evidencia, ello no es suficiente para establecer que el crimen haya sido cometido. El caso ha de ser expuesto ante un tribunal religioso compuesto por 23 jueces. Mientras la mayoría simple con el margen de un solo voto es suficiente para la absolución, para que se emita veredicto de culpabilidad, la mayoría ha de ser por dos votos. Sin embargo, aunque los jueces declaren culpable al criminal por unanimidad, el castigo será de difícil ejecución. R. Akiva y R. Tarfon recuerdan que fueron miembros de un tribunal que contemplaba dichos crímenes y que nunca se llegó a sentenciar a nadie a muerte. A pesar de que los tribunales no solían sentenciar a pena de muerte, los que eran declarados culpables eran sentenciados a muchos años de prisión[105]. Hoy por hoy, en el estado moderno de Israel no existe la pena de muerte por asesinato[106].

El asesinato y su castigo en la Torá

Respecto al crimen y a su castigo, la Torá, al igual que el Corán, traza una diferencia tomando en consideración si el crimen ha sido voluntario o involuntario. Según la Torá, el castigo por quitar la vida voluntariamente es la pena de muerte (Éxodo 21:12, 14, 23-25; Levítico 24:17-18; Números 35:16-21; Deuteronomio 19:11, 21). Hay destacados estudioso de la Torá que han proporcionado información detallada acerca de los comentarios de los versículos referidos a esta ley penal. Según el famoso comentarista Maimónides, quien mata intencionadamente a un hombre está violando uno de los «Diez Mandamientos» (Éxodo 20:13; 21:20) y debe ser condenado a muerte. Si el asesino comete el crimen con un objeto metálico o con fuego, la pena será de decapitación y se ejecutará con una espada[107].

---

105 Besalel, Yusuf. *Yahudilik Ansiklopedisi*, II, 317.
106 Ibid. II, 318.
107 Moses Maimonides. *Code of Maimonides, Book Eleven, the Book of Torts*, Yale University Press: 1954. Traducido del hebreo al inglés por Hyman Kleln. pp. 195-203.

Asimismo, según otro destacado comentarista de la Torá, Hirsh, la vida es un valor en sí superior al resto de las cosas y es el fenómeno básico que conecta todo lo que hay en la tierra. La siguiente afirmación ilustra este punto:

> El que hiere a alguien causándole la muerte será ejecutado irremisiblemente. Pero si él no lo premeditó, sino que Dios permitió que cayera en sus manos, entonces yo te pondré el lugar al cual ha de huir (Éxodo 21:12-13).

> Asimismo, el hombre que hiera de muerte a cualquier persona será ejecutado irremisiblemente (Levítico 24:17).

En estos versículos, parece que solo se menciona a los hombres como víctimas. Los estudiosos del Talmud dicen que el asesinato de mujeres y niños no están comprendidos dentro del ámbito de qatl. El acto de matar está asociado al acto de «golpear» si la intención del acto es matar. Es más, el «golpeo» y la «muerte» como consecuencia de dicha acción han sido aislados a fin de clarificar la intención del crimen. La pena de muerte corresponde a la intención de quitar la vida. La pena por homicidio (intencionado) está explicada en otros versículos de la Torá. A pesar de que Hirsh describe la vida como el valor más fundamental, aduce —en el contexto de estos versículos en los que se trata el valor de la vida— que cuando se mata a mujeres y a niños, no se aplican los mencionados versículos. Esto muestra que para algunos intérpretes de la Torá la vida de un hombre adulto y la de las mujeres y los niños tienen valores diferentes[108].

Sin embargo, el conocido comentarista Rashi (1040-1105), en su comentario a dichos versículos, sostiene que en el texto existe una diferencia entre «hombre» y «cualquier persona». Señala que si tomamos ambos versículos a la vez, es obvio que el énfasis recae (no sobre quién es el que mata, sino) sobre el modo en que golpea el que mata y la intención puesta. Rashi es de la opinión de que aunque la víctima no muera tras ser golpeada con intención de asesinarla, el autor debe ser acusado por asesinato y castigado con la pena de

---

108 Hirsh, II, 304.

muerte. La sentencia de muerte estipulada en el versículo que ha de ser aplicada cuando «un hombre golpea a una persona y la mata», sólo es válida si el golpe es mortal. Según Rashi, ese versículo no hace diferencias entre si la víctima es varón, hembra o impúber. Por lo tanto, el autor será castigado con la pena de muerte independientemente de que la persona asesinada o a la que se pretendía asesinar sea hombre, mujer o niño[109]. Los otros versículos de la Torá referentes al homicidio intencionado y a sus penas legales, con los correspondientes comentarios de los juristas judíos, son los siguientes:

> Pero si alguno se acalora contra su prójimo y lo mata con alevosía, le quitarás de mi altar para que muera (Éxodo 21:14).

Rashi aclara algunas de las ambigüedades de este versículo. Según él, no se considera como homicidio intencionado lo siguiente: matar a un infiel; la muerte de un paciente bajo el tratamiento de un doctor; la muerte de un acusado durante la aplicación de la «sentencia de 40 latigazos» a manos de los funcionarios del tribunal; la muerte de un niño al ser castigado por su padre; la muerte de un alumno al ser disciplinado por su maestro; la muerte de una persona causada por una piedra arrojada para matar a otra. Todas estas muertes son diferentes a las muertes provocadas intencionadamente con malicia y traición. Los que maten a un hombre usando la astucia serán matados; aunque el asesino sea un rabino en su sinagoga, éste será separado del altar de Dios y ejecutado.

Según otros comentaristas, la palabra «un hombre» de los versículos 24:17-18 de Levítico, se refiere a cualquier persona, incluidas las mujeres y los niños. El uso de la expresión «alma por alma» al fina del versículo para incluir a los animales se interpreta como siendo el valor monetario del animal matado con el que se habrá que compensar al dueño[110]. Del mismo modo, se deduce del la cláusula «quien mate a una persona, el castigo para quien lo cometa será la pena de muerte»,

---

109 Aquí se trata el caso del feto. Según la Torá, un niño nacido dos meses prematuramente (es decir, siendo un feto de siete meses) vive; mientras que un niño nacido un mes prematuramente (es decir, siendo un feto de ocho meses) no vive. Por lo tanto, matar al último hace inaplicable dicha pena (Rashi, II, 304; Rosenberg y Cohen 1947, 474).
110 Rosenberg y Cohen 1947, 760.

que el veredicto se sigue aplicando en los casos en que el asesino sea una mujer o un niño[111].

> El que mate a un animal lo restituirá, pero el que mate a un hombre morirá. Habrá una misma ley para vosotros, tanto para el extranjero como para el natural; porque yo soy el Señor vuestro Dios (Levítico 24:21-22).

Lo anterior muestra la diferencia entre seres humanos y animales en la Torá. La ley de la Torá contempla a los humanos como «personas» y a los animales como «bienes». Por consiguiente, la pena de muerte se aplica en un crimen cometido contra seres humanos. Al final del versículo, se recalca la igualdad que todo el mundo tiene respecto al derecho a la vida, tanto extranjero como vecino[112].

La expresión el que *mate a un animal* en el anterior versículo se refiere al hecho de infligir un daño mortal que resulte en la muerte del animal[113]. Del mismo modo, el que hiera de muerte a un ser humano causándole la muerte será sentenciado a la misma pena. Sin embargo, en el caso del daño ocasionado a los padres de uno, el daño será considerado como si se hubiese ocasionado la muerte. Aunque un progenitor no muera por las heridas producidas en el momento de la agresión, el hijo que le haya herido será sentenciado a muerte[114].

> Si le hiere con un instrumento de hierro, y él muere, es un asesino.
> El asesino morirá irremisiblemente. Si le hiere con una piedra en la mano, con la cual pueda causarle la muerte, y él muere, es un asesino. El asesino morirá irremisiblemente. Si le hiere con instrumento de madera en la mano, con el cual pueda causarle la muerte, y él muere, es un asesino. El asesino morirá irremisiblemente. El vengador de la sangre matará al asesino; cuando le encuentre, le matará. Si por odio le empuja o arroja algo contra él intencionadamente, y él muere; o si por hostilidad le hiere con su mano, y él muere, el que le ha herido morirá irremisiblemente. Es un asesino. El

---

111   Rashi, III, 112a-113.
112   Hirschler, p. 486-487.
113   Rosenberg and Cohen 1947, 760; Rashi, III, 112b.
114   Rashi, III, 112b.

vengador de la sangre matará al asesino cuando lo encuentre (Números 35:16-21).

Estos versículos tratan el asesinato y los criterios empleados para establecer el delito. Por ejemplo, la información general proporcionada sobre el asesinato y los instrumentos utilizados, la evidencia y las condiciones son el tema de este versículo. El versículo proporciona la base para los procesos judiciales; sobre todo en Números 35:16, donde se menciona el tamaño del arma, el material de la que está echa, sus características, la fuerza con la que el asesino la usa, la condición física de la víctima y las heridas infligidas[115]. En ese versículo, el castigo por el asesinato intencionado de una persona está enfatizado mediante la expresión «porque es un asesinó y será ejecutado»[116]. Se da prioridad al metal (usado como arma), ya que muchas veces una pequeña pieza de metal puede causar más daño que una gran pieza de madera. Y si la herida es mortal, el asaltante será condenado a muerte[117]. La prioridad se concede aquí a lo mortífera que es el arma y a la intención de quien la blande.

El tema en Números 35:17-19 es la piedra y la madera, que no causan heridas mortales cuando son blandidas en condiciones normales y medidas usuales, pero que pueden infligir heridas mortales si son grandes[118]. Al final del versículo se cita un arma hecha de piedra o madera para golpear o matar. En los dos versículos, se hace hincapié en que el instrumento o arma usada para matar a un hombre sea de una medida capaz de matar. La pena para aquellos que usen dicho instrumento o arma con propósito de matar es sin lugar a dudas la muerte. Aunque el asesino se refugie en un santuario, como una sinagoga, no podrá escapar a la ejecución, ya que los familiares inmediatos de la víctima tendrán derecho a matarle allá donde le encuentren[119].

Según los versículos de la Torá aquí mencionados, si se declara culpable al autor de un crimen, estando presentes los familiares de la víctima en el tribunal, éste les entregará al criminal. Si el tribunal se

---

115 Hirschler, p. 643.
116 Rosenberg y Cohen 1947, 979.
117 Hirsh, IV, 559.
118 Rosenberg y Cohen 1947, 980.
119 Rashi, IV, 168.

niega a entregar al acusado a los familiares tras haber sido emitida la sentencia, o el acusado escapa, los familiares de la víctima seguirán detentando el derecho a ejecutar a criminal allá donde le encuentren[120]. En resumen, la Torá reconoce el derecho de un individuo a llevar a cabo una ejecución.

Otra expresión que define la intención del asesino por la cual se hace merecedor de la pena capital *es si por odio le empuja*, la cual figura en el versículo 35:20 de Números. Según el comentarista de la Torá Chumash, la expresión *si le empuja significa* «empujarle desde una altura para que caiga»[121]. Al usar un arma o un instrumento para matar a una persona, las intenciones son claras, por ello dichos actos se mencionan con prioridad en los versículos 16-18 de Números. Luego se citan otros actos susceptibles de causar la muerte. De hecho, sea cual sea el método que se emplee, si la intención es la misma, la pena también lo será. El versículo *No aceptaréis rescate por la vida del asesino que está condenado a muerte; será ejecutado irremisiblemente* (Números 35:31) garantiza que el castigo por el «homicidio intencionado» es la pena de muerte, sin que haya alternativa posible. En base a este versículo, cualquier alternativa, tal y como el pago de una compensación, queda eliminada[122].

El veredicto conocido comúnmente como qisas (Ley del Talión) existe también en la Torá:

> Pero si ocurre un daño mayor, entonces pagará vida por vida, ojo por ojo, diente por diente, mano por mano, pie por pie, quemadura por quemadura, herida por herida, golpe por golpe (Éxodo 21:23-25).

> Tu ojo no le tendrá lástima. Vida por vida, ojo por ojo, diente por diente, mano por mano, pie por pie (Deuteronomio 19:21).

> Rotura por rotura, ojo por ojo, diente por diente. Según la lesión que haya hecho a otro, así se le hará a él (Levítico 24:20).

---

120 Hirsh, IV, 559.
121 Rosenberg y Cohen 1947, 980.
122 Jacob Milgrom, *Bible Commentary Series: Numbers*, Philadelphia: The JPS (Jewish Publication Society), 1991. Versículos 35:30-31, p. 295.

La cuestión del *qatl* en el Corán

Hay muchos versículos en el Corán que prohíben matar. Dios todopoderoso ordena (respecto a este asunto) en el capítulo al-Isra:

> No matéis a nadie que Dios haya prohibido, sino con justo motivo.
> Si se mata a alguien sin razón, damos autoridad a su pariente próximo
> (para que exija el qisas o perdone), pero que éste no se exceda en
> la venganza. Se le auxiliará (por medio de la ley) (17:33).

En otro versículo, el Corán declara que matar sin que sea por una causa justa es considerado como un crimen contra toda la humanidad:

> ...quien matara a una persona que no hubiera matado a nadie ni
> corrompido en la tierra, será como si hubiera matado a toda la
> Humanidad (5:32)[123].

Hay también versículos en que se dice que los crímenes no quedarán sin castigo y que los autores serán castigados convenientemente (2:178-179; 5:45).

En el Islam matar a una persona de modo ilegal es considerado un crimen y uno de los pecados más graves. Este crimen está incluido entre los siete pecados capitales mencionados por el Profeta, los cuales condenan a sus autores a sufrir castigo en esta vida y en la próxima. Es decir, que exigen el qisas en esta vida y el castigo eterno en el infierno en la próxima[124]. El quitarle la vida a una persona es una violación contra los siervos de Dios, que son sagrados, y contra la vida misma. Es una amenaza contra la seguridad pública y contra la sociedad.

La palabra *qatl* significa «matar a alguien, arrebatarle la vida a un ser vivo». Se define como «la acción que hace que el alma abandone el cuerpo»[125]. Los que matan a un ser vivo hacen que su alma abandone

---

123 Para similares expresiones en el Talmud, véase Mawdudi, *Tafhim*, I:495: «Quien
asesina y quite una vida según el Libro de Dios, está destruyendo al mundo entero. Y
quien salva una vida de Israel estará salvando al mundo entero según el Libro de Dios».
Es más, consta en el Talmud que los jueces de los israelitas solían dirigirse a los testigos
diciendo: «Quien quite la vida a un hombre deberá ser interrogado como si hubiese
quitado las vidas de todo el mundo».

124 Bujari, *Hudud*, 44; Muslim, *Iman*, 144-145.

125 Yuryani, *Ta'rifat*, p. 172; Abu al-Baka, *Kulliyyat*, p. 729; Ragib, *Mufradat*, "q-t-l";
Zuhayli, *Fiqh al-Islami*, VI, 217.

su cuerpo, y son asesinos, y el que muere es denominado víctima[126]. Según el Islam, quitar la vida de alguien de modo injustificado es una de las mayores ofensas después del *shirk* (atribuir asociados a Dios)[127]. Dios es el que da la vida, por lo tanto, no se puede quitar la vida sin Su permiso o sin considerar las leyes que Él ha establecido. Toda persona es sagrada, inviolable y protegida excepto cuando la pena de muerte es merecida y ello ha sido establecido por una autoridad legal. Toda castigo que haya sido sentenciado sólo puede ejecutarlo la institución legal designada. Incluso la pena de muerte que permite quitarle la vida a una persona, está sujeta a ciertas normas. El Profeta, la paz y las bendiciones sean con él, declaró que al musulmán que testifica que no hay más deidad que Dios y que Muhammad es Su mensajero, sólo puede ser matado en las siguientes tres situaciones y con excepciones: como castigo por una vida arrebatada; como castigo por cometer adulterio; o como castigo por haber apostatado y no haberse arrepentido tras un cierto período de tiempo, lo cual es un castigo por haber violado el anterior contrato[128].

Existen muchos hadices que se refieren a este asunto, entre los cuales, figura el siguiente: «Matar a un musulmán injustamente es una ofensa tan grande como matar al mundo entero»[129]. «Si todos los habitantes de los cielos y de la tierra se juntasen para matar a un musulmán, Dios les arrojaría al fuego del infierno haciéndoles mezquinos y despreciables»[130]. «No hay duda alguna que tu sangre y tus bienes son inviolables para ti»[131].

En otro hadiz el Profeta advierte contra las «siete cosas destructivas», entre las que figuran «el quitar la vida, que Dios ha hecho sagrada, excepto por una causa justa»[132]. Otro hadiz advierte que «los que matan a un no musulmán que ha hecho un pacto con los musulmanes o a un no musulmán que acepta la autoridad islámica nunca se podrán acercar al paraíso»[133].

---

126   Bilmen, Ömer Nasuhi, *Hukuk-u İslamiyye*, III, 17.
127   Muslim, *Iman*, 144; Bujari, *Hudud*, 44.
128   Bujari, *Diyat*, 6; Muslim, *Kasame*, 25-26.
129   Nasai, *Tahrim ad-Dam*, 2.
130   Tirmizi, *Diyat*, 8.
131   Bujari, *Ilm*, 37; Muslim, *Hayy*, 147.
132   Bujari, *Hudud*, 44; Müslim, *Iman*, 144-145.
133   Bujari, *Diyat* 30; Abu Dawud, *Yihad* 153.

Los eruditos musulmanes han clasificado los distintos modos de matar que hay. Según la escuela hanafi existen cinco categorías: homicidio intencionado, homicidio casi intencionado, homicidio accidental, homicidio casi accidental y homicidio a través de terceros[134]. Según la gran mayoría de juristas (denominados yumhur) —incluidos los de la escuela janbali y la shafii— el número de categorías son tres; y según los de la escuela malikí, son dos. Aquí seguiremos la clasificación terciaria, a saber: la de homicidio intencionado, homicidio casi intencionado y homicidio accidental.

El asesinato y su castigo en el Corán

Tras establecer que el quitar la vida es una ofensa prohibida por la religión, el Corán establece la pena del talión, siempre y cuando los herederos de la víctima no estén satisfechos con una indemnización en esta vida. Se aconseja *perdonar la aplicación del talión por caridad* (2:178; 5:45), pero se castigará en la próxima vida con el fuego del infierno si Dios no lo perdona (4:93; 39:53). De hecho, para los que creen, el castigo en el más allá es la verdadera pena, la más dura y la mayor. Es ser condenado a un castigo en la eternidad por haberle arrebatado la vida a alguien en un castigo cuyo horror hace que el creyente tiemble de miedo y evita que se atreva siquiera a pensar en dicho acto. Desde esta perspectiva, los castigos de la próxima vida constituyen una fuerte sanción ética. Por eso, Dios Todopoderoso ordena lo siguiente:

> Y quien mate a un creyente premeditadamente, tendrá el Infierno
> como retribución, eternamente. Dios se irritará con él, le maldecirá
> y le preparará un castigo terrible (4:93).

No existe en el Corán ofensa cuya amenaza sea mayor.

El versículo del Corán más exhausto respecto a la ley sobre el homicidio y su castigo figura en el capítulo de Al-Baqara y es el siguiente:

> ¡Creyentes! Se os ha prescrito la ley del talión en casos de homicidio:
> libre por libre, esclavo por esclavo, hembra por hembra. Pero, si a

---

134 Udah, Abdulkadir. *Al-Tashri al-Yinaiyy al-Islami*, II, 8-9, Beirut: Muassasa al-Risale, 1996; Zuhayli, *Fiqh al-Islami*, VI, 221.

alguien le rebaja su hermano la pena, que la demanda sea conforme al uso y la indemnización apropiada (y la aplicación del talión quedará anulada). Esto es un alivio por parte de vuestro Señor, una misericordia. Quien, después de esto, viole la ley, tendrá un castigo doloroso (2:178).

Este versículo estipula que el talión o qisas es un requisito que únicamente puede evitarse si uno de los herederos de la víctima lo perdona, lo cual es considerado como la mejor opción. Se puede acordar cierta cantidad en vez de optar por el talión. Este versículo declara la igualdad de todos respecto al «derecho a la vida»; modifica la ley judaica en la que el perdón no se acepta y la ley cristiana en la que el talión no se aplica; acentúa la prioridad de la indemnización sobre el talión; y pone fin a la tradición árabe que permitía quitar la vida por cuestiones de honor, violando los derechos humanos e ignorando la igualdad en el derecho a la vida[135]. Según los juristas musulmanes, en el texto original de la Torá, no existía el perdón y la indemnización, tan sólo existía la pena de muerte[136]. De hecho. El Profeta, la paz y las bendiciones sean con él, dijo: «Para los Hijos de Israel no había indemnización, sólo había talión»[137]. Este hadiz está apoyado por el siguiente versículo de la Torá actual:

> No aceptaréis rescate por la vida del asesino que está condenado a muerte; morirá irremisiblemente (Números 35:31).

Según la Torá, no se puede escapar de la pena de muerte pagando una indemnización[138].

Perdón e indemnización

El código legal del Islam permite que se aplique la ley del talión cuando se comete una injusticia contra alguien. La justicia exige que se de mutualidad en la protección de los valores inviolables (Al-Baqara 2:94). Sin embargo, no se exige que se castigue con lo mismo cuando

---

135 Yazır, Elmalılı M. Hamdi. *Hak Dini Kur'an Dili*, 1:601.
136 Zamahshari, *Kashshaf*, al-Baqara, 178, I, 220; Razi, *Mafatih*, al-Baqara, 178, II, 221, 225.
137 Bujari, *Tafsir*, 23, *Diyat*, 8.
138 Rashi, IV, 170.

ocurra una injusticia. En muchos versículos del Corán, se anima a la gente a que perdonen las injusticias que sufren, por ser ese al comportamiento más virtuoso. Por ejemplo:

> No os olvidéis de mostraros generosos unos con otros. Dios ve bien lo que hacéis (2:237).

> No es igual obrar bien y obrar mal. ¡Repele (el mal) con lo que sea mejor! (41:34).

> Una mala acción será retribuida con una pena igual, pero quien perdone y se reconcilie recibirá su recompensa de Dios. Él no ama a los impíos (42:40).

> Quien es paciente y perdona, eso sí que es dar muestras de resolución (42:43).

El Islam advierte también que cuando se ejecute el talión como castigo, no se han de sobrepasar los límites (17:33).

Aquí se ha de señalar que las personas han de ser alentadas a perdonar las injusticias que hayan sufrido. Sin embargo, las personas no tienen autoridad para perdonar las infracciones realizadas contra la sociedad, los valores sagrados o los valores que Dios ha establecido. La sociedad o el gobierno no pueden perdonar una agresión en nombre de la víctima, ni tampoco puede la persona perdonar en nombre de la sociedad. El Corán también advierte a la sociedad respecto a la ejecución de las penas y advierte que se mantengan los límites de la piedad:

> Si alguien os agrediera (a vosotros o a vuestros valores), agredidle en la medida que os agredió (sin excederos). Temed a Dios y sabed que Él está con los que Le temen (2:194).

El Corán señala un asunto importante respecto a la pena infligida a un asesino y que no lo menciona la Torá: el derecho de preferencia y al perdón concedido a los herederos de la víctima, tal y como consta en el siguiente versículo: *Pero, si a alguien le rebaja su hermano la pena (anulándose así la aplicación del talión), que la demanda sea conforme al uso y la indemnización apropiada. Esto es un alivio por parte de vuestro Señor, una misericordia* (2:178). Hay un consuelo para el asesino, ya que se puede perdonar el castigo. También hay consuelo para la familia de la víctima, ya que la aceptación de una indemnización es posible. Esas tres opciones —talión, perdón y compensación— son un consuelo y una misericordia conferida a la sociedad musulmana por Dios[139]. Este favor es un regalo que exige la gratitud de los musulmanes. Es un remedio legal concedido a los musulmanes para permitir que la gente viva sus vidas y se reconcilien, sin tener que quitar vida alguna[140]. El Profeta aclaró este asunto diciendo lo siguiente:

> Para quien es asesinado, aun injustamente, sus herederos pueden elegir entre tres opciones: talión, perdón o indemnización. Si eligen un cuarta opción paradles las manos (contenedles)[141].

Si la familia del asesino ofrece a la de la víctima una cierta cantidad de dinero o de bienes, el talión se anula inmediatamente ante las actuaciones judiciales, siempre y cuando ambas partes lo hubiesen acordado de antemano. Ambas partes habrán de atenerse a las condiciones prescritas en la tradición. La familia de la víctima deberá de mostrar misericordia y perdón; y el homicida deberá pagar a la otra parte la cantidad tradicionalmente aceptada como indemnización[142]. Si el homicida es perdonado sin estipular ninguna cantidad en concepto de indemnización, la familia de la víctima tendrá que atenerse a ese favor y no deberá exigir nada en lo sucesivo[143]. Como el talión parcial no es posible, el perdón ha de ser absoluto, aunque en realidad sea parcial[144]. Igualmente, si un anciano de la familia de la víctima perdona al homicida, se considerará como si toda la familia le hubiese perdonado de modo absoluto.

Privación de los derechos de nacimiento y de herencia

Además de las mencionadas leyes islámicas, existe otra ley en la sunna del Profeta que prohíbe que el asesino sea heredero de la víctima. Está

---

139 Alusi, *Ruh al-Maani*, al-Baqara, 178, I, 51.
140 Qutb, *Fi zilal al Qur'an*, al-Baqara, 178, I, 164.
141 Abu Dawud, *Diyat*, 3, 4; Tirmizi, *Diyat*, 13.
142 Yassas, *Ahkam*, I, 184.
143 Ibn Humam, X, 239.
144 Yazır, Bakara, 178, I, 604-605. Véase Razi, *Mafatih*, Bakara, 178, II, 225-6.

ampliamente reconocido por los juristas que el asesinato constituye un impedimento respecto a la herencia y a los derechos de nacimiento. Se narra que el Profeta dijo al respecto: «No se hace testamento para el asesino»[145]. En otra narración, dijo: «El asesino no puede recibir nada como herencia»[146]. Por lo tanto, si un heredero o alguien que tiene derechos en el testamento mata al predecesor, quedará privado de su herencia y será excluido del testamento. Los juristas hanafíes estipulan que el crimen ha de ser cometido por el homicida (*mubasharat*) directamente, no de modo indirecto e involuntario (*tasabbub*). En el caso de mubasharat, no influye el hecho de que el homicidio sea intencionado o por accidente.

---

145 Ibn Maya, *Diyat*, 14; Ahmad ibn Hanbal, *Musnad*, 1:49.
146 Zaylai, *Nasb ar-Raya*, 4:402.

ÍNDICE